朴　一

越境する在日コリアン

日韓の狭間で生きる人々

明石書店

はじめに

ごく普通の大学教員をしていた私が、テレビの世界とかかわるようになったのは、今から一〇年前、ある討論番組に出演させてもらってからである。最初は、担当ディレクターに「竹島（独島）がなぜ韓国領なのか、韓国側の立場から説明してほしい」と言われ、自己主張は封印し、韓国政府の解釈を客観的に説明しただけだった。

ところが、放送日の翌日、大学には「税金で反日教授を雇うな」という苦情が殺到した。こうした苦情は現在も少なくない。それでも、私がテレビに出るのは、日本の人々に領土問題や歴史認識に対する他国からの見方・視点というものを紹介したいからである。

もちろん、韓国人にも日本人の見方・視点を知ってほしいと思っている。そんなとき、私が日本で出版した本を韓国の外交通商部から翻訳出版したいという依頼があった。ところが、翻訳が終わって、韓国で出版される直前、韓国の外交通商部から出版にストップがかかった。理由は、本の内容が日本側の立場から書かれた親日的な書物で、公的財源では出版できないというものだった。

マスコミ受けしたいなら、日本では親日的な発言を、韓国では反日的な発言をすればよいのだが、日本と韓国の狭間で生きてきた私にはそれができない。韓国や日本のどちらかの国益の立場から発言するのはたやすい。だが、両国の利害が微妙に絡み合う中で、歩み寄るのは想像以上に難しい。韓国には韓国の、日本には日本の、それぞれ歴史解釈があり、そうした歴史解釈を前提にした領土認識があるからだ。少しだけ日本人が韓国の立場を理解する努力をし、韓国人が日本の立場を理解しようとすれば、日韓の歩み寄りはたやすくなると思うのだが、複雑ないきさつをもつ両国の歩み寄りは簡単ではない。
しかし、日韓関係を加害者と被害者、親日や反日、韓流や嫌韓流という二項対立の構図から理解しようとするのは、時代遅れだと思う。経済のグローバル化が進む中で、個人、企業、国家の利害はますます衝突する可能性を増している。グローバル化が進展するにつれて、存在感を失いつつある国家が自らのナショナリズムを強化しようとする時代であるからこそ、相互依存関係にある日韓が、相互理解を深めながら、互恵関係を再構築していく重要性は高まっている。今、両国に必要なのは、お互いに歩み寄る寛容さであると思う。

本書は、私が大学に職を得て学者を生業とするようになった一九九〇年から現在（二〇一四年）までに、日本や韓国の社会、日韓・日朝関係、在日コリアンをめぐる諸問題について、新聞、雑誌、対談、講演会などで発表してきた論考を、三つの項目に分けて整理し、一冊の本にまとめたものである。そうした意味で、本書は、発言者「朴一」の二五年の思索の軌跡と言えるものである。

今から読み返してみると、恥ずかしい原稿もあるが、それもまた過去の私のありのままの姿だと思って、そのまま掲載していただいた。日本と韓国の狭間で生きてきた一《いち》在日コリアンの魂の「叫び」とまでは言わないものの、「ささやき」と思って読んでいただければ幸いである。

二〇一四年六月

朴　一

目次

003 はじめに
009 プロローグ　日本的カースト制度とどう向き合うか
——在日ヒーローの苦悩と決断

I 在日史の断面から

032 記憶と忘却
035 朝鮮戦争と在日コリアン
037 「文世光事件」とは何だったのか
041 金大中事件が問いかけるもの——映画「ＫＴ」を観る
043 二つの大震災と在日コリアン
050 拉致事件と在日コリアン
053 帰化代議士の誕生
065 新井将敬の遺言状　新井将敬夫人 新井真理子×朴一

II 文化とアイデンティティ

梁石日・文学に見る在日世界　100

在日文学の可能性　芥川賞作家 玄月 × 朴一　112

韓国映画とエロス　英文学者 堀江珠喜 × 朴一　125

日本のプロ野球の国際化に関する一考察　142

苦悩する民族学校　145

民族教育における自由主義と共同体主義のジレンマ
——宋基燦『「語られないもの」としての朝鮮学校——在日民族教育とアイデンティティ・ポリティクス』を読んで　154

在日コリアンの未来予想図
——在日新世代のエスニック・アイデンティティの変化をどうみるか　164

III 多文化共生の理想と現実

182 日本国籍取得問題に揺れる在日コリアン
185 アジア人労働者受け入れ論の陥穽
187 「内への開国」を期待する
193 定住外国人の地方参政権問題の行方　野中広務（元自民党衆議院議員）×朴一
223 それでも原発を輸出するのか
——3・11と私　東日本大震災で考えたこと
226 在日コリアンの視点から日本国憲法について考える
244 新しい日韓関係と在日コリアンの役割　小倉紀蔵（京都大学大学院教授）×朴一

259 エピローグ　日韓はどうすれば仲良くできるのか

263 あとがき

プロローグ　日本的カースト制度とどう向き合うか
——在日ヒーローの苦悩と決断

在日コリアンとは

私は今、大学で教える一方、縁があってテレビやラジオの仕事もさせていただいています。今は、関西で放送されているテレビやラジオのニュース番組のレギュラー・コメンテーターとして出演させていただいています。その番組に出演する前は、やしきたかじんさんの番組スタッフに声を掛けていただきまして『たかじんのそこまで言って委員会』（読売テレビ）、また、ビートたけしさんとのご縁もあり『たけしのTVタックル』（テレビ朝日）などの討論番組に時々出演させていただくことがあります。

番組では、日韓の領土問題や歴史認識問題について韓国の立場で話をしてくださいと言われます。最終的には日本人のコメンテーターが中国人と韓国人の悪口を言って、拍手をして終わるというお決まりの話が多いのですが、私は立場的に言えば日本で生まれてもう五〇年も経っています。正直に申し上げれば「自分は韓国人なのか？」と思います。

私の国籍はたまたま韓国ですが、これは自分で望んで韓国の国籍になったわけではありません。韓国に生まれた韓国籍の方でしたら韓国人としての人生を歩むと思いますが、私の場合はたまたま生まれたら両親が韓国籍で日本で生まれただけです。国籍は自分で選択したものではありません。それゆえ、国籍やルーツ（出自）という問題をどう考えるかということが、私自身にとっても、部落問題や在日コリアンの問題を考える時にも重要な問題になってくると私は思っています。

なぜ彼らは出自を隠すのか

実は、私は国籍にはこだわっていませんが、ルーツ（出自）にはこだわりがあります。国籍は変更できても、生まれは変えられないからです。そもそも人はなぜ生まれにこだわるのでしょう。生まれを自慢する人、生まれやルーツを隠そうとする人、いろいろな人がいますが、これらの行為は、人間社会には「生まれの良い人と悪い人」という階級認識があることを示しています。私が二〇年間このテーマを研究し続けて行き着いた問題意識も、「なぜ、人はルーツにこだわるのか」「なぜ、ある人達は、自分のルーツを隠そうとするのか」、また「何で、自分のルーツを堂々と語ることができないのか」ということでした。

小林よしのりさんの『ゴーマニズム宣言』をご存じでしょうか。小林よしのりさんという方は一時『おぼっちゃまくん』や『東大一直線』という作品で一世を風靡した人気漫画家ですが、ある時期から『ゴーマニズム宣言』という大人向けの作品で、社会の矛盾に切り込む漫画をどんどん発表されるようになりました。なかでも『差別論スペシャル』という作品で、差別について漫画で考えるという大胆な試みをされました。

差別の本質は何かというと、日本の階級社会、例えば江戸時代に『士・農・工・商・穢多・非人』というように私達は高校時代に勉強しましたが、その『穢多・非人』の人達が、部落の人達として戦後どうなったのか。現在ではどう教えているかわかりませんが、江戸から続く階級社会というのは無くなったようで無くなってはいません。

学校の先生は「人間は平等である」と子どもに教えていますが、実際は「良い生まれ」と「悪い生まれ」があると言われています。学校カースト（スクールカースト）という本も売れているようです。母親の職業とかで子どもの将来が決まるというような話をよく聞きます。母親達が父親の職業でグループを作って、食事会をしたり、運動会が行われた時にはその方達だけで固まって、親の職業が低い人達はそこには入れないということもあります。

次ページの図①のように、小林よしのりさんが示す階級構成の図は、どの人達が良い生まれか、どの人達が悪い生まれかということを簡潔に示しています。良家とはどういう人達かと言うと、図②にある麻生太郎さんの家が典型的な良家の家系でしょう。祖先を見ると大久保利通さんがおられ、下の方まで見てみると三笠宮様・皇族と結びついています。自民党の中で一番サラブレッドと言われています。

一方、総理にもなられた鳩山由紀夫さんもすごい家系の方です。弟は鳩山邦夫さん、上を見ていくと鳩山一郎さんという早々たるメンバーが並んでいます。こういう方々を良家と言いますが、その次に偉い人が大金持ちと政治家で、上流家庭と言われる人が続きます。小林よしのりさんは、ここまでを日本の上流階級と規定しています。その上流階級と結婚できる一般人は女性なら「美人」で、男性は一流大学を卒業していなければいけないと小林よしのりさんは皮肉っています。そういう方を憧れ

図①

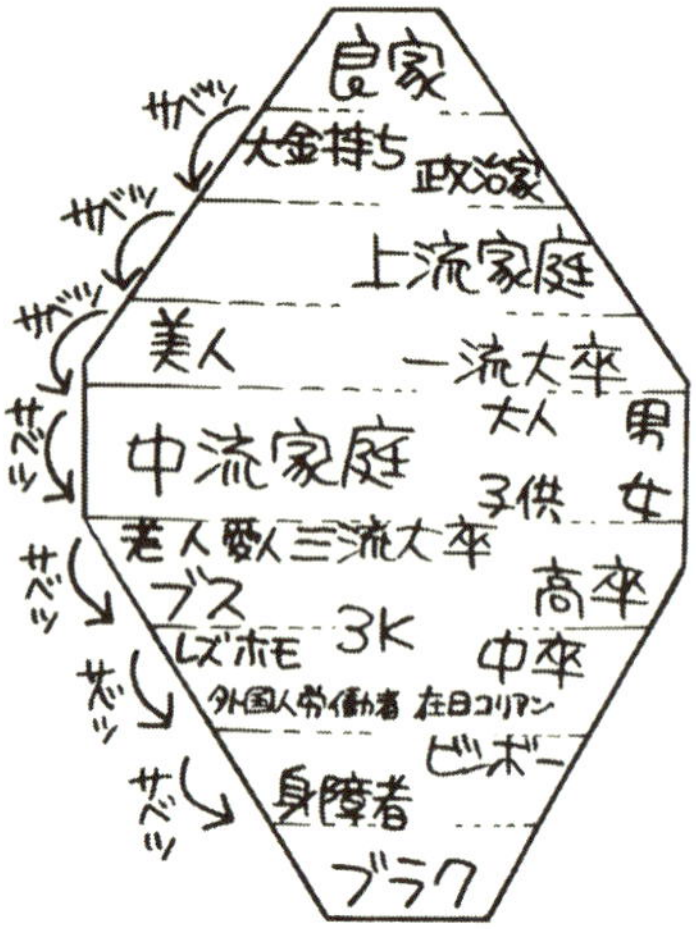

小林よしのり『ゴーマニズム宣言 差別論スペシャル』(幻冬舎文庫、1998年) より

図②　麻生太郎家系図

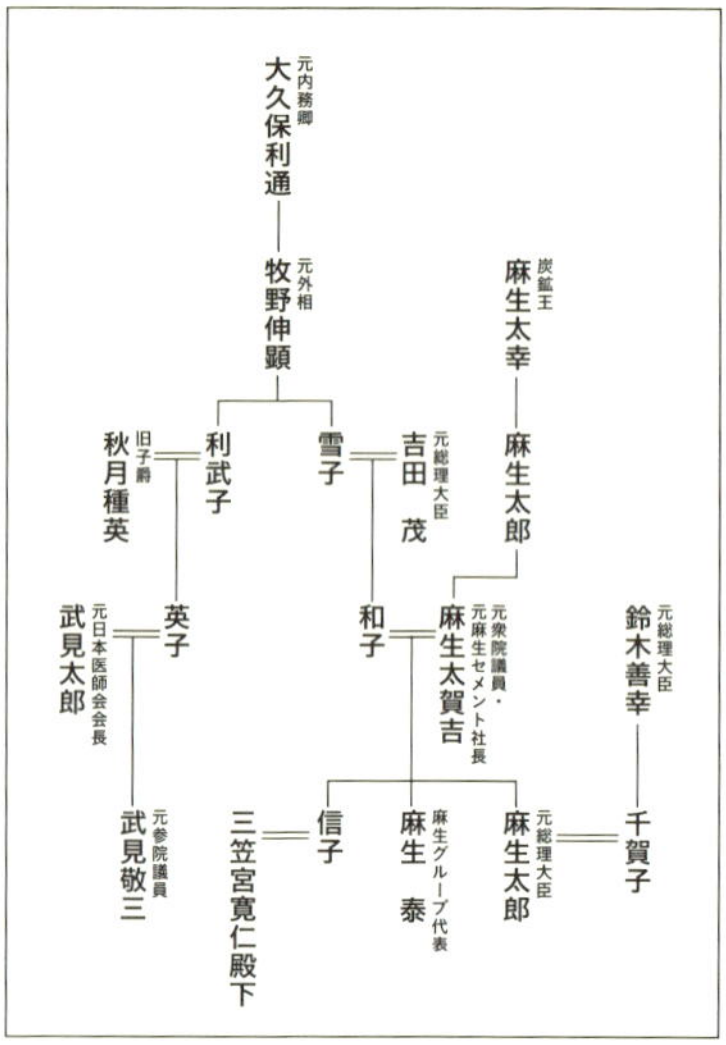

図②　鳩山由紀夫家系図

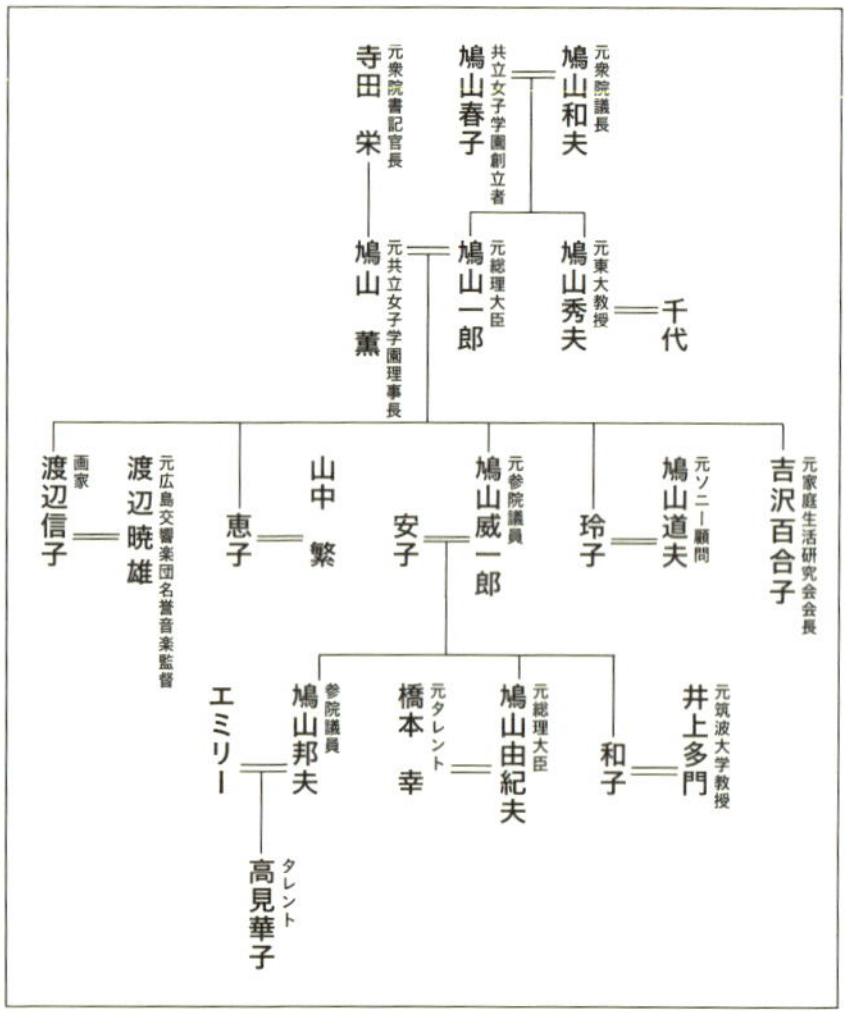

の目で見て中流階級として生きていくには、自分達よりも下の人を作り出さねばなりません。

　では下流階級とはどのような人達を指すのでしょうか。まず下流階級の上位が「老人・愛人・三流大学卒」。何を持って三流大学とするのかは分かりませんが、偏差値の低い社会的に認知されていない大学、もっとひどくなれば女性は「ブス」、男性は高卒、これはもう下層階級で、さらに下になれば中卒、さらに下なのが私のような在日コリアン、さらに下が障害者で最低位は「部落」であると、小林よしのりさんは描いています。「これはひどいではないか」と思われる方もおられると思いますが、小林よしのりさんが描いた図①というのは、一般的な日本人の眼差しを代弁しているのではないかと私は思っています。実際、この図は当たっている部分も少なくないと思います。

　ただ、この図を見れば見るほど私は思うのですが、例えば中卒の人がいたとして、現在なら頑張れば定時制の高校に通うこともできますし、私の友人でも高卒でも市役所に合格して、もっと頑張りたいと思って私の大学に入学し、昼間は市役所に通いながら夜は二部の勉強をして大卒資格を取った人がいます。中卒であっても勉強すれば高卒・大卒になることもできるし、頑張れば一流大学卒になることもできます。

　「ブス」（原文ママ）と言われる女性も整形手術をすればそれなりに美しくなることができます。実際に韓国では女性の三人に一人はプチ整形も含めてどこか整形していると言っても不思議ではないほど流行っています。それはなぜかと言えば、韓国は女の子として生まれたら、容姿が就職試験の時に重要なポイントになるからです。容姿が良いということが就職試験では問われるので、大学に入学したらダイエットを始めて、三～四年生になったらプチ整形をする女性が多いです。私の親戚の女の子ですが、就職活動をする頃に会ったら高校生の時に会った時と顔が変わっていました。「とても変わったね」と言いますと、「ちょっと整形をしました」と自信満々でした。

百田尚樹さんが『モンスター』という小説を書かれています。学生時代ブスだといじめられた女の子が五〇〇万円程かけて整形して、絶世の美女に生まれ変わって自分を振った男性に復讐をするという話です。整形すれば美人になれて上流階級になることができて素敵な旦那さんを捕まえることができるし、中卒や高卒の人も勉強すれば一流大学を卒業することもできますが、この階級構成の中で一番問題なのは、在日コリアンと部落の人達など「生まれ」というものを消すことができない人々です。彼らはどれだけ頑張っても「生まれ」は消すことができないのです。彼らは自らの「ルーツ」を永遠に背負って生きていかなければならないのです。

出自を暴く行為は許されるのか

少し前のことですが、『週刊朝日』でノンフィクション作家の佐野眞一さんの「ハシシタ」という連載が始まったのを見て、「これはまずいな」と思いました。橋下・大阪市長が「DNAまで遡って祖先が部落だということをネタにするような記事を調べ上げて、バッシングするような雑誌は最低だ」と激怒しましたが、私も橋下市長が言っていることは正しいと思います。出自を隠している人に対し、それをほじくり返すことは、たとえどのような理由があれ許されるものではありません。

一昨年、吉川英治文学賞の受賞作品で注目を浴びた本がありました。豊臣秀吉の伝記で、驚くべきことにその本には豊臣秀吉が実は被差別部落の出身であり、部落出身者で最初に日本で天下を取ったのは豊臣秀吉だと書かれていました。私は秀吉の人生と橋下さんの人生を重ね合わせました。被差別部落出身者が大阪で天下を取らないと大阪は変わらないのではないか。なぜなら、大阪にはさまざまな同和利権の構造が残っています。これにメスを入れることは当事者でないとできないからです。

『週刊新潮』や『週刊文春』が橋下市長が部落だと書きたてた時、彼らは「部落出身のような人が大大阪市長をしても良いのか」というような書き方でした。しかし、大阪市民は、市長選で圧倒的大差で橋下市長を選んだのです。つまり、どのような生まれの人であろうがなかろうが、大阪を変えてくれる人を選ぶことが重要だということを大阪市民は重視したのだと思います。橋下市長が好きか嫌いかは別として、出自に関係なく人間の能力で選ばなければならないという良識性を大阪市民は選挙で示したのです。その後の橋下市長がやっていることは確かに問題のある取り組みもありますが、少なくとも三流週刊誌の問題定義に対して大阪市民は良識性を示した。それに追いうちをかけるように佐野さんが彼の出自を追い続けたのはなぜだったのかなと思います。やはりそこには、日本人の生まれに対する眼差しや階級社会に対する問いかけがあったのではなかったのかと思います。

『週刊朝日』事件の前に、自民党の中でも同じような問題がありました。野中広務さんという京都出身の政治家で、やはり被差別部落出身で自民党の中でナンバー2の官房長官にまで上り詰めたのは野中さんが初めてだと思います。「野中さんを総理に」という声がたくさん上がってきた際に、最後までバッシングをしていたのは麻生太郎さんだったそうです。「部落出身者を日本の総理にさせるわけにはいかない」と、彼は同僚に言っていたようです。この声を聞いていた政治家が何人もいたにも関わらず、自民党議員はこれを問題にせず、日本のマスコミでは報道されませんでした。

ところが、アメリカの『ニューヨーク・タイムズ』に、「野中さんは部落出身だから総理にするわけにはいかないと、麻生陣営が圧力をかけて人事を潰した」という記事が掲載されました。アメリカで火がついてようやく日本の雑誌の一部がそのことを報道しましたが、野中さんは黙認しました。個々の能力ではなく、「生まれ」で地位やポジションを決めるのが自民党で、日本が能力ではなく生まれを重視する社会の典型例として海外から見られているということを日本人は気付いていません。

だからこそ、私は橋下さんが市長になることに意味があったし、いろいろ問題もありますが一度は天下を取って欲しかったと思います。被差別部落出身者が天下を取るとすれば、野中さんの次は橋下市長だと思っていましたが、慰安婦発言はお粗末で地雷を踏んでしまったと思います。私は部落の人たちや在日コリアンに対する差別が残る社会の中で、本当は自らの出自をカミングアウトしたいけれども、それをすると生活できない差別の構造がたくさん残っていることに、日本社会の最大の問題があると思います。

出自をカミングアウトして活躍する孫正義氏

佐野さんは、『週刊朝日』の連載の前に「あんぽん」というノンフィクションを『週刊ポスト』に連載していました。その作品は在日コリアンの孫正義さんの生涯をルーツまで遡って書いたものです。

私が孫さんと最初にお目にかかったのは彼がアメリカから帰ってきた直後で、私が大学院一回生の頃でした。孫さんがアメリカから帰国して福岡市内の小さな事務所で、今や大きな会社となったソフトバンクがまだ従業員が二〜三人しか居なかった時です。私は大学院生をしながらコリアンの就職情報誌で、「在日コリアンで企業を立ち上げたＩＴビジネスの騎士」という特集で、ベンチャー企業を立ち上げた若手の起業家にインタビューをするという仕事で孫さんのところへ行った時でした。お会いした時に、今は整形されていると思いますが、顔の右眉の上の辺りに大きな傷がありました。「その傷はどうされたのですか？」と伺うと、「小学校の時に朝鮮人と言われて日本人に石を投げられて、その一つが命中して五針縫う大怪我をした。朝鮮人と言われて石を投げられてできた傷は消えても、心の傷は永遠に消えない」とお話してくださったことをはっきりと覚えています。

彼はその後、福岡の進学校へ進み、夏休みにアメリカへ留学した時に「日本はダメだ」と思ったそうです。それは、日本ではずっと通名で学校に通っていたのですが、アメリカで初めて『孫』という名前を名乗った時に誰も驚きもせず、差別をされることもなかったからです。なぜなら、アメリカはChinese American（中国系の方）もKorea American（韓国系の方）もJapanese American（日本系の方）もいる。実力だけが認められる社会だからです。

その直後、彼はアメリカに行きたいと思い、両親を説得して日本の高校を辞めてアメリカへ行きました。日本の高校では、同じぐらいの学力の子が集められて学年が分かれていて、高校三年生になるまで大学を受験することはできませんが、アメリカは能力検定試験というものがあり、よくできる子は一年生から二年生へ上がれるし、二年生から三年生へ上がることもできます。孫さんは、アメリカの高校へ入学して、一年生を一週間で修了、二年生も一週間で修了、三年生も一週間で修了と高校三年間を三週間で修了したと語っています。彼は米国で猛勉強し、飛び級で高校を卒業し、本来なら高校生の歳で大学へ進学したのです。

孫さんは大学へ行った際に「大学の授業がつまらない」と思い、自分で発明ノートというものを作っていました。お会いした時に実際に使っていたボロボロになったノートを見せてもらいました。将来自分が商品化するための発明を一日一つ作ることを日課にしていたそうです。

私も大学の授業で学生に「これから売れる商品を作ってみましょう」という課題を与えますが、学生は適当に商品を考えてくるんです。皆さんに「今から一つ作ってみてください」とお伝えすれば、何か一つは作ることができると思いますが、それを孫さんは毎日三六五日、大学四年間ですから一二〇〇以上の発明をするというのは尋常じゃないです。

では、孫さんがどうしたかというと、言葉を三つ選び出す機械を作りました。そうすると、「コンピュータ」「翻訳機」「シンセサイザー」という言葉が三つ出てきた。その三つの言葉を足して「音声自動翻訳機」という新商品のアイデアを思いつき、理工学部の教授のところへ行って、「作れば儲かるので先生、一緒に作りましょう」と提案したと言うのです。日本の大学では、学生が教授のところへ行っても「そんな時間は無い」と言われますが、アメリカの大学教授は面白い方が多く、本当に面白いと思う企画であれば話に乗ってくれるんです。孫さんも情熱的な学生だったので、毎日教授の研究室へ通い、先生を動かしてスタッフチームを作り、実際に音声自動翻訳機を作り上げました。商品化したら、商品に対する対価として売り上げの数パーセントを先生に差し上げるという契約書も作成していました。

その後、日本に完成した商品を売りに行きましたが、一大学生が作った商品を日本の大企業は相手にしません。どこへ行っても売れるわけがないと馬鹿にされていましたが、シャープの佐々木専務という太陽電池を最初に作った方に「音声自動翻訳機」を見せたところ、専務はとても驚いてすぐにこれは売れるとその場で一億円で契約をしたそうです。その頃の孫さんはまだ二二歳です。孫さんはそのお金で当時日本で廃れ始めていたインベーダーゲームを一億円分購入して、アメリカの全米のレストランに設置してもらい、売り上げの半分を自分の儲けにして二億円の収入を得ました。こうして中国人の友人と始めたアメリカの会社は大成功しました。

ところが、孫さんが大学を卒業する時、日本に戻ると言い出したので、中国人のビジネスパートナーはビックリしたそうです。「あんな移民に排他的な国に戻って成功できるのか？　このままアメリカに居ればもっと金儲けできるぞ」と言うと、孫さんは「だからこそ日本は面白いんだ。日本で成功しなければ意味が無いんだ」と言ったそうです。「僕の作る商品で日本を変えたいんだ。在日韓国人が作った物でも買えるようにしてやりたいんだ」と言って日本に戻りました。そして日本に帰って父親に「通名ではなく『孫』で仕事をしたい」と言うと、父は「『孫』で仕事をしたら損するぞ」と言われたそうです。それでも彼は「いや、『孫』だから意味がある。孫（損）して得を取る」と言い返したそうです。

その後、日本ソフトバンクを立ち上げられた時、「一〇年後には僕はこの分野で日本一になっている」と言っていました。その時、彼は「成功の一〇カ条」というものを考えたと言います。そこには、次のようなことが書かれていました。

・30年間成長し続ける可能性がある仕事をしなければならない
・30年間夢中になれる仕事をしなければならない

・30年以内にその分野で必ず成功する仕事をしなければならない

その時、印象に残ったのが、以上の三つの言葉です。私はこの成功の三箇条が好きで、いつも学生にこのメッセージを伝えています。自分が仕事を選ぶ時に「三〇年間夢中になれる仕事をしましょう。三〇年間潰れない・成長し続けることができる仕事を選びましょう。三〇年間飽きない仕事を選びましょう」と話します。女子学生にも「あなたが将来結婚したいと思う男性を選ぶ時は、三〇年間以上夢中になれる男性を選びなさい」と言います。これはどんなことにも当てはまると思います。

今の若者がなぜ失敗するかというと、行きたい会社ではなく内定をくれた会社に行くので、モチベーションが続かない。だから、一～二年で辞めてしまいます。孫さんは私に「差別する日本で『孫』という名前でも集まってくれる人こそ信用できる。コリアンとでも仕事ができるという人間でなければビジネスは大きくはできない。これからは多国籍の時代です。日本人だけが集まって大きな会社が作れるはずがない」と話してくれました。彼はその信念の元に閉鎖的な日本社会に挑戦し続けてきた人です。

孫さんの手元には脅迫状や嫌がらせのメールなどがたくさん届いています。東日本大震災の際に孫さんは一〇〇億円を寄付しています。その孫さんに「お前の様な朝鮮人からこんなお金をもらっても仕方がない」という手紙を送る人がたくさんいます。しかし、孫さんがすごいのは、「そんな朝鮮人でも一〇〇億円出して、日本を変えたいんです」と脅迫状を送って来た人にも、きちんとお返事をするところです。孫さんをひいきするつもりはありませんが、ビックになった孫さんが日本社会で言いたかったことは、「通名ではなく、『孫』という名前でも成功する人間が出てこなければ、日本社会は変わらない」ということではないかと思います。こうした行動はいわばルーツに対する挑戦です。自分のルーツを堂々とさらけ出すことによって、それを受け入れる人たちをどんどん増やしていくことが差別を根本的に変えていくことにつながります。

タブーへの挑戦

私が数年前に出版した『僕たちのヒーローはみんな在日だった』（講談社、２０１１年）というのは、まさにそういう問題に切り込んだ本で、56〜57ページの表には在日・朝鮮半島出身の日本の芸能人を掲載しています。実は最初にこの表を作成した時には今掲載している人数の四倍以上の名前を記載していました。ところが、編集者に見せると「○○さんは困る」と言われ、「裁判になったら困ります」と言われました。そうしたいざこざを経て問題のある方の名前を削除していって、カミングアウトしている人だけを掲載しています。

ところが、私が最近いろいろなテレビに出演させてもらうようになり、楽屋で多くの芸能人の方にお会いしますが、「朴先生ですよね？」と声を掛けてくださることがあります。その時、「実は私も在日なんです」とおっしゃる方がいます。「でも、こういう世界ですから、先生のように堂々と本名で活動したいのですが、芸能界ではそれができないんです」と言われ、サイレントメッセージを残していかれます。

『サンデージャポン』（ＴＢＳテレビ）という番組が私が一番初めに出演させていただいたメジャー番組ですが、同番組でＷＢＣ（ワールド・ベースボール・クラシック）の韓国対日本の試合を応援するということになりました。ほとんどの出演者は日本を応援していましたが、韓国を応援する側の芸能人という立場で私が呼ばれました。その横に、元プロ野球選手のIさんが座っておられました。「Iさん、韓国と日本どちらが勝つと思いますか？」と司会者から聞かれ「今日は日本が二対〇で勝つと思います」と彼は言いました。収録後にIさんが「先生、僕も在日です。本当は韓国が勝つと思ってたんですが、立場上それは言えないのです」と言われました。芸能界の方は、こうしたタブーに縛られて仕事をしておられます。

ところが、芸能人の中で「私は在日です」とカミングアウトし、芸能界のタブーに挑戦した方もいらっしゃいます。二〇〇五年に、和田アキ子さんが『週刊文春』で「私は在日韓国人だ」とカミングアウトされました。ずっと彼女は自分の出自については語らなかったのですが、在日の人は皆、和田さんが在日の方だということは昔から知っていました。二〇〇二年に『週刊文春』に「お前は父を捨てた」という記事が掲載されたことがあります。公表する前の話ですが、その記事の中で「元々、和田アキ子は親戚や故郷、自分の過去を知っている人はすべて嫌い。だからできるだけ大阪に戻って来たくない」という和田さんに対する親族の辛辣なコメントが載っていました。『週刊文春』は和田さんに過去を語れない特殊な事情があるということを書きたてたのです。この特殊な事情が何かというと、芸能界では、部落出身の人、そして、在日コリアンの人は自分の出自には決して触れてはいけないというタブーです。しかし、和田さんはこの禁断のタブーを自分から壊そうとしました。なぜかというと、知り合いの芸能ジャーナリストから聞いたのですが、卑劣な芸能ジャーナリストに「在日ということを書かれたくなければお金を払え」と脅迫され、我慢できなかったからです。

和田さんはブラウン管には映らない辛い人生を送ってきたのではないかと思います。歌もうまく、実力で上り詰めた和田さんが一番辛かったのは、二〇〇四年にお父さんが亡くなられた際に、お葬式ができなかったことです。理由は、お葬式をすれば朝鮮人ということがバレてしまうからです。だか

芸能界・スポーツ界で活躍する在日コリアン

歌手

ジャズ　ケイコ・リー〔李敬子《イギョンジャ》〕、アンサリー〔安佐里《アンジョアリ》〕、**レゲエ**　プシン〔Pushim・朴冨心《パクブシム》〕、CHOZEN LEE　**ブルース**　新井英一〔朴英一《パクヨンイル》〕、木村充揮〔朴秀勝《パクススン》〕、**シャンソン**　今里哲〔鄭哲《チョンチョル》〕　**ロック／フォーク**　川西杏《チョンソヘン》〔李泰禧《イテヒ》〕、ジョニー大倉〔朴雲煥《パクウンファン》〕、朴保《パクポ》★、布袋寅泰《ほていともやす》★、趙博《チョパク》、故ホンヨンウン〔洪栄《ホンヨン》雄《ウン》〕、李政美《イジョンミ》　**R & B**　ヨンシン〔Youngshim・朴英心《パクヨンシム》〕　**歌謡曲**　にしきのあきら〔錦野旦〕、都はるみ★、和田アキ子〔金《キム》福子《ポクチャ》〕　**その他**　沢知恵★、テイ・トウワ〔鄭東和《チョンドンファ》〕、SC-ONE 尹漢信《ユンハンシン》★、ソニン〔Sonim・成膳任《ソンソニム》〕、shunkay〔テイシュンケイ〕、Crystal Kay〔クリスタルケイ〕★

俳優・タレント

白竜〔田貞一《チョンジョンイル》〕、李麗仙《りれいせん》〔李初子《イチョジャ》〕、岩城滉一〔李光一《イグァンイル》〕、島村佳江、松坂慶子、安田成美、井川遥、宮下順子、大鶴義丹、故松田優作★、故金久美子《キムグミヂャ》、朱源実《チュウォンシル》、故趙万豪《チョバンホ》、南果歩、伊原剛志〔尹惟久《ユンユグ》〕、玉山鉄二、姜暢雄《きょうのぶお》、アン・ミカ〔安美佳《アンミガ》〕、洪仁順《ホンインスン》、木下ほうか〔鳳華〕、長原成樹〔張成熙《チャンソンヒ》〕、安蘭けい（元宝塚歌劇団星組）、李鐘浩《イヂョンホ》、趙珉和《ちょうたみやす》、新井浩文、朴昭熙《パクソイ》、中村ゆり〔成友理《ソンウリ》〕、ちすん〔金智順《キムジスン》〕、朴璐美《パクロミ》（声優）、美元《みをん》★、テレンス・リー（軍事評論家）

スポーツ

プロレス　故力道山《りきどうざん》〔金信洛《キムシルラク》〕、故大木金太郎〔金一《キムイル》〕、故星野勘太郎〔呂建夫《ロゴンブ》〕、長州力〔郭光雄《クァククァンウン》〕、前田日明《あきら》〔高日明《コイルミョン》〕、金村キンタロー〔金珩晧《キムヘンホ》〕　**空手**　故大山倍達《ますたつ》〔崔永宜《チェヨンイ》〕、松井章圭〔文章圭《ムンジャンギュ》〕、倉本成春〔朱成春《チュソンチュン》〕　**柔道**　故大同山又道〔高泰文《コテムン》〕　**相撲**　故玉の海〔ユン・イギ〕、三重ノ海〔李五郎《イオラン》〕　**ボクシング**　千里馬《チョルリマ》〔金啓徳《キムゲドク》〕、徳山昌守《まさもり》〔洪昌守《ホンチャンス》〕、高山勝成、李冽理　**総合格闘技**　金泰泳《キムテヨン》、秋山成勲《よしひろ》〔秋成勲《チュソンフン》〕　**サッカー**　朴康造《パクカンヂョ》、鄭大世《チョンデセ》、安英学《アンヨンハ》、李漢宰《リハンヂェ》、李忠成《りただなり》　**野球**　張本勲〔張勲《チャンフン》〕、新浦寿夫〔金日融《キムイリュン》〕、金村義明〔金義明《キムウイミョン》〕、金城晃世、金城龍彦、金本知憲〔金知憲《キムジホン》〕、桧山進次郎〔黄進煥《ファンジンファン》〕、新井貴浩〔朴貴浩《パククイホ》〕、森本稀哲《ひちより》★

★は父母のどちらかが韓国・朝鮮人の場合

出典：セッパラムプロジェクト（裵解子・藤井幸之助）編『ある在日コリアン家族の物語　つないで、手と心と思い――絵と物語で読む在日100年史』（アートワークス、2009年、54～55ページ）

ら彼女は父親が亡くなっても一切葬儀もせずに密葬にし、自分が朝鮮人だとバレたくないためにお葬式ができなかったのです。こんなに辛いことは無いと思います。その上、脅迫される。そして、ついに彼女は記者を呼んで「書きたければ書いてください。私は在日です。それの何が悪いのですか」と自ら語りました。

彼女の気持ちというのは本人にしか分からないとは思いますが、あのような芸能界のドンと言われる人でもそれだけのプレッシャーの中で生きてきたということを知っていただきたいのです。在日の芸能人は辛い立場に置かれていると思います。自分は朝鮮半島にルーツを持つ人間でそれを隠さなければ芸能活動ができない。隠していると心無いジャーナリストから脅されるというジレンマの中でどうして生きていけば良いのか、不安定な精神状況の中での生活を余儀なくされているのではないかと思います。

出自という桎梏——力道山の苦悩

今日お越しの方々の年齢層から見て、一番のヒーローは誰かと考えたら、おそらくプロレスラーの力道山ではないかと思います。若い方は力道山と聞いてもピンと来ないと思いますが、年配の方にとっては今世紀最大のヒーローであり、韓国に行っても知らない人がいない、実は北朝鮮でも英雄です。この三つの国のヒーローというのは恐らく彼しかいないと思います。

私はずっと力道山という人物について調べてきて、たまたま、力道山の最後の奥さんに出会いました。今も東京に行ったら奥さんと会って食事をしながら力道山の思い出話をしますが、力道山が朝鮮半島から連れてこられたということはずっと隠されてきました。

私が小学生の頃は家にテレビが無かった頃で、散髪屋に行ったらおじさんに「力道山の試合を見せて」と頼んで、胸が躍って力道山の試合を熱狂して見ていました。ほとんどの在日コリアンの方は力道山が朝鮮半島から連れてこられた人であることを知っていましたが、彼は日本の英雄を演じ続けていかなければならないので朝鮮人であることを隠さなければならなかったわけです。

最初は力道山は相撲の力士としてデビューしています。一九四一年にデビューした時は本名の「金信洛、出身は朝鮮」と書かれていましたが、どんどん書き換えられてしまい、一九四三年には「長崎出身の力道山、本名を金本光浩」と名前まで書き換えられ、どんどん日本人にさせられていきました。「朝鮮人だったら横綱にはなれない」という理由からでした。その後、プロレスに転向してからもこのような状況が続いていきますが、その一方で、力道山が自分の故郷に対して熱い思いを持っていた人間だということが分かってきました。

実は、最後の奥さんが力道山と過ごしたのは一年足らずです。日航の客室乗務員だった奥さんは力道山にとっては三人目の奥さんだったと思われますが、奥さんと結婚して一年も経たないうちにヤクザに刺殺されています。

力道山と結婚した時に、力道山は自分が引退した後のことも考えていたようです。一番可能性が高いと考えられているのはプロレス引退後に参議院議員になる道です。自民党が力道山が引退した後、自民党から全国区で力道山を参議院選挙に出馬させる準備をしていたようです。

力道山がちょうど亡くなる一九六〇年代前半は日韓がまだ国交正常化をしていなかった頃です。日韓交渉が滞っていました。日本が植民地支配に謝罪しない、韓国は謝罪を要求する、この揉め事の中で全く日韓交渉は進まないという状況でした。これを仲裁するために、韓国でも人気のあった力道山に白羽の矢が立ったようです。

刺殺される一年前、結婚して間もない頃に力道山が母国である韓国に帰る時に初めて奥さんに「言っていなかったが私は朝鮮人だ」と伝えると、奥さんが「それがどうしたんですか?」と言って動じることがなかったようですが、彼は悩んでいたようです。プロ野球選手の張本勲さんは堂々と自分が韓国人ということを明かされていらっしゃいますが、張本さんが、力道山の自宅にパーティーに招かれて、二人でお酒を飲んでいた時に張本さんが、「何でそんなにコソコソされるんですか?堂々と朝鮮人ですと言えばいいのではないですか?」と伝えると「日本の英雄が朝鮮人とバレたらどうなると思っている。お前は何もわかっていない」と言って、張本さんは殴られ、その時に力道山の複雑な気持ちを思い知らされたそうです。

しかし、力道山は日本と韓国の行き詰まった交渉を妥結するために、どうしても韓国へ行かなければなりませんでした。困った力道山は日本の報道陣には内密にして韓国に向かったそうです。そのとき、力道山が一番行きたかった所がありました。それは38度線で、先日、南北首脳会談が行われた北朝鮮と韓国の境界線です。38度線に立った彼は、上着を脱いで裸になり北朝鮮に向かって「オモニ(お母さん)、ヒョンニーム(お兄さん)」と大声で叫んでいたと言われています。「自分の故郷が恋しかったんだな」と、当時、力道山の付き人をされていた方からお話を聞いたことがあります。力道山は自分の国を愛しながらも自分のルーツを隠して日本で英雄を演じ続けなければならなかった。朝鮮半島出身の人が日本で日本人のヒーローを演じるということは大変辛いことだったのかなと私は今になって思います。しかし奥さんは、主人の思いを遂げるために、今後の日韓、日朝関係を良くしたい、特に日本と北朝鮮との間には拉致問題があるので、何とか解決したいということで、何度も北朝鮮を訪問されています。

今回、参議院選に維新の会からアントニオ猪木さんが立候補され、当選されました。「なぜ今頃アントニオ猪木さんなんだろう？」と思われる方が多いと思いますが、北朝鮮において日本人でVIP扱いをされる方は数名しかいません。北朝鮮のトップクラスの要人は日本から普通の人が来朝しても出てきません。唯一トップが出てきて金正恩総書記に意思が伝えられる可能性があるという人物とは誰か。日本では、デヴィ・スカルノ夫人、アントニオ猪木さん、そして力道山夫人です。デヴィ夫人はご主人のインドネシアのスカルノ大統領が故・金日成総書記の親友であり、アントニオ猪木さんは力道山の一番弟子、力道山夫人は英雄である力道山の最愛の人だからです。この三人が北朝鮮で唯一首領様との面会を許されているのです。

本来ならばこの三人を使って日朝交渉の窓口としなければならないのです。この話をテレビ番組で何度もお伝えしていますが、冗談扱いをして聞いてもらえませんが、これは本当の話です。力道山夫人も「主人は最後まで日韓・日朝関係を良くしたいと思っていた」と言われていました。力道山には北朝鮮に「隠し子」がいるという報道もあります。今はもう立派な大人になられていますが、その方のご主人は北朝鮮のスポーツ大臣になっておられます。恐らくアントニアオ猪木さんはスポーツ大臣と力道山のコネクションでスポーツ外交をしながら北朝鮮と交渉して拉致問題解決のきっかけにしたいと考えているのではないかと思います。

カミングアウトという闘い

芸能界で活躍している人の中にもたくさん在日コリアンの方がいらっしゃいますが、その事実をカミングアウトすることができないという根強いタブーがありました。しかし、最近彼らの中から自らの民族的出自をカミングアウトしようとする人が少しずつ出てきました。

朝鮮半島にルーツをもつ芸能人で一番最初にカミングアウトした方は誰だろうと調べてみましたら、歌手の都はるみさんでした。在日韓国人の父親と日本人の母親との間に生まれた方で、一九六九年にある週刊誌の中で都さんのお母さんが質問に答えるという形で自分のご主人の話をしたということがきっかけだったと言われています。記事の中でお母さんは、「朝鮮人と結婚したために若い頃から酷い差別と蔑視を受けてきた。世間を見返すためになんとしてでも娘のはるみを人気歌手にしなくてはならないと思っていました」とインタビューで答えています。そのため、都さんはお母さんの英才教育を受けて、独特な歌いまわしをマスターし、スターになっていきます。私が非常に印象深いなと思いましたのは、都さんが一九七六年に『北の宿から』という歌を歌われて、日本レコード大賞の候補に上がった時です。候補になった時から都さんの事務所にはたくさんの脅迫状が届きました。脅迫状の内容は「都はるみの父親は日本人ではない。そんな奴がレコード大賞を取っても良いのか」というバッシングの嵐でした。思い悩んだ末に都さんは大賞を辞退しようと美空ひばりさんに相談しました。すると美空さんは「私も同じような思いをしたから、これを乗り越えなければダメよ。あなたは、レコード大賞を取らなくてはダメ」と言われ、都さんは受賞を決意したそうです。

このようなバッシングがあるのでなかなか芸能人が在日であることを公表しにくいという現状があります。私の好きな女優の松坂慶子さんも実は在日の方ですが、お父さんが手記を残しておられて、「何度も松坂慶子さんがスターになるたびに『朝鮮人であるということをばらしてやる』という脅迫状を受け取っていた」と証言されています。しかし、そんな中で、最近では俳優の伊原剛志さんが在日韓国人であることをカミングアウトされたり、Jリーグの世界でも本名で活躍する在日の選手が増えてきました。私はとても喜ばしいことだと感じています。

しかし、在日コリアンが有名人になればなるほど、その出自ゆえにバッシングを受けることも少なくありません。私も先日、久しぶりに『テレビタックル』に出演させていただきましたが、大学に数えきれないくらい脅迫状が届きました。私は言論の自由が日本には確かにあると思いますが、ヘイトスピーチはあまり意味が無いと思います。お互いの国がお互いの国の人たちを建設的に批判するならまだしも、これからの日本、中国、韓国は睨み合う存在ではなく、どうやって仲良くしていくのか、当然中国や韓国の側にも問題はありますが、お互いの問題点を認め合い、どうやったらお互いの落としどころがあるのかということを話し合うことが大切です。「竹島問題」や「慰安婦問題」もきっとどこかに落としどころがあって、橋下市長も実はあのように発言されていますが、慰安婦の方に対して申し訳ないことをしたという気持ちはあるようです。どこかで慰安婦の方たちのこの問題について決着をつけたいと考えておられるでしょうし、竹島の問題も双方は自分の領土であると主張する権利はあると思いますが、竹島周辺の漁業権や海洋資源をめぐって、お互いのエゴばかりを主張するのではなく、お互いが歩み寄って共生していけるルールというものをきちんと作っていければと思います。

私は日本にずっと住んでいますから、韓国では日本の立場を代弁し、日本では韓国の立場を代弁する仕事をしていますが、こうした複眼的な思考がこのグローバル時代には一番大切なのではないでしょうか。最終的には在日で活躍している人たちが、いろんな生き方があるとは思いますが、日本名で日本の国籍を取って日本人になるのも一つの生き方だと思いますし、私のように日本で民族名でルーツを明らかにして生きていくのも一つの生き方だと思います。本当にいろいろな選択肢があると思います。ただ、一つだけ言えるのは、どのような国籍を持っていても、どのような名前を名乗っていても、どのようなルーツを持っていても不利益を受けない社会をどう作るのか、ここに行き着くのではないかと私は最近思っています。

このような目で日本で暮らす外国人の人たちを見守ってほしいと思います。皆さんの身近に、もしかしたら外国籍の方が引っ越して来られるかもしれません。その時に、さまざまなトラブルが起こるかもしれませんが、トラブルを乗り越えて「日本ではこうするんですよ」ということをきちんと教えてあげてください。そして、困った時にはお互い助け合っていく。そうすれば、もしかしたら日本人も日本に住んでいる外国人に助けられる場合もあります。韓国にも日本人がたくさん住んでおられます。中国にも日本人が住んでいます。海外の日本人が海外できちんと安全や人権が保障されるには、日本の中にいる外国人の方にも同様の権利が与えられなければならないと思います。


（出所：二〇一三年六月二一日、尼崎市人権・同和教育研究協議会主催「人権・同和教育推進大会」講演記録）

I

在日史の断面から

記憶と忘却

最近は忙しくてテレビをあまり見なくなったが、毎週かかさず見る番組がある。関西の朝日放送が制作している「探偵ナイトスクープ」という番組だ。低予算の番組にしては高視聴率を維持し、関西から全国ネットで放送されている貴重な番組だ。人気の秘密は、視聴者のばかばかしい依頼に、真面目に応えようとする探偵たちの奮闘ぶりにある。

「鉛筆一本を最後まで使い続けると、距離にしてどれくらい書けますか」

こんな依頼に、探偵は地面に置いた紙にひたすら線を引きながら、大阪から京都まで数十キロを丸一日かけて進んでいく。「ばかばかしい」と思いつつも、探偵がへとへとになりながら依頼された仕事をやり遂げると、何とも言えないさわやかな感動が込み上げてくる。そんな心暖まる番組だ。この番組が生み出した数多くの迷作の中でも、忘れられない傑作がある。それは、次のような依頼に探偵が応えたものだ。

「拝啓、探偵団のみなさん。お願いがあります。主人の友人に復讐してほしいのです。主人が幼稚園の頃、社会見学で牛乳工場に行ったときのことです。牛乳の製造工程を見学した後、クラスの皆に冷たいコーヒー牛乳が一本ずつ配られたのですが、主人がトイレに行っている間に同じクラスのJくんが主人の分まで飲んでしまったというのです。喉がとても乾いていたのに、Jくんは謝りもせず、ケラケラ笑っていたようです。主人は今でも、あの時のくやしさが忘れられないと言います。お願いですから、Jさんに主人の味わったくやしさを思い知らせて下さい」

さっそく、探偵の使命を受けた北野誠が依頼主の大であるKさんに会い、復習の打ち合わせが始まった。復讐劇がばれないように、幼稚園の同窓会という名目でJさんを幼稚園に呼び寄せる。探偵の入れ智恵で、Jさんの喉をカラカラにした方が面白いということで、二〇年前に校庭に埋めたタイムカプセルがあると嘘をつき、Jさんにシャベルを渡して校庭の一角を一時間近く掘らせる。その後さらにKさんの奥さんが作ってきたトウガラシ入りの激辛カレーをJさんに食べさせ、喉をカラカラにしたところで、一行は牛乳工場に向かう。

さて、いよいよ復讐劇の始まりである。探偵に案内されて一行は思い出の牛乳工場に到着。見学を終えたあと、案内嬢が試飲用のコーヒー牛乳を二本、KさんとJさんの前に差し出す。まずKさんがテーブルに置かれた一本をいっきに飲み干す。続いてJさんが飲もうとすると、すばやくKさんが横取りしてJさんのコーヒー牛乳を飲み干してしまう。Jさんは一瞬何が起こったのか判らない様子で、ただ呆然とするばかりである。すかさず探偵がJさんにツッコミを入れる。

探偵「その時のこと、覚えてませんか。あの時、あなた、Kさんの分も飲んでしまったでしょう」

J　「そんなこと、しましたっけ」

探偵「Kさん、今まであの時のくやしさ忘れられん言うて、この番組で、復讐してやろうということになったんですわ」

J「そうですか。すっかり忘れてしもて……」

ざっとこんな調子で復讐劇はハッピーエンドを迎える。なんだと思う人がいるかもしれないが、これほど被害者の記憶と加害者の忘却のコントラストをみごとに描いたコメディがあっただろうか。ピンとこない人は、Kさんを植民地支配下で日本名を名乗ることを強要された朝鮮人、Jさんを朝鮮人に日本名使用を強要した日本の政治家に置き換えて、もう一度この物語を読み直してほしい。朝鮮人はあの屈辱を忘れることはないけれど、日本の政治家は「創氏改名は朝鮮人が望んだからやっただけで、悪いことをした覚えはない」とつぶやいて、朝鮮人の痛みを認めようとしない。

日韓の戦後処理問題が厄介なのは、そんな被害者の記憶と加害者の忘却のコントラストがハッキリしすぎていることだ。では、加害者の記憶と被害者の忘却を促すにはどうすればいいのだろうか。少なくとも、この番組のように、加害者が被害者の痛みを知ることが必要だ。手始めに「探偵ナイトスクープ」にこんな依頼文を送ってみてはどうだろう。

「拝啓　西田局長、探偵の皆さん。お願いがあります。私のじいちゃんが学生時代に受けたくやしさを晴らしてほしいのです。当時、じいちゃんは朝鮮人というだけで名前を日本風に換えられ、母国語の使用も禁じられました。できればあの時、日本名を名乗らせた日本人にじいちゃんが味わったくやしさを知ってほしいのです。じいちゃんに創氏改名を奨励した日本人の名前は……。ええ〜っと、あっ、そう、太郎という名前だったと思います。復讐劇は、彼が韓国に連れていかれて、突然、金太郎という名前に換えさせられるという演出でお願いします」

（出所：『月刊言語』二〇〇三年九月号）

朝鮮戦争と在日コリアン

二〇一三年七月二七日、ソウル、ピョンヤン、ワシントンの三都市で、朝鮮戦争休戦六〇年を記念する式典が一斉に開かれた。特にピョンヤンでは、「祖国解放戦争勝利六〇周年」を祝う大規模な軍事パレードが開催された。日本からは、北朝鮮の英雄、力道山の愛弟子であるアントニオ猪木氏が参加したことで、マスコミでも大きく報じられた。北朝鮮が「祖国解放戦争」と位置づける朝鮮戦争とは、どんな戦争だったのか。

一九四八年、米国とソ連の後押しで、朝鮮半島に韓国と北朝鮮という二つの国家が相次いで誕生した。五〇年六月、「米国からの南朝鮮の解放」を叫ぶ北朝鮮軍は南北の境界ラインを越えて南側に侵攻し、朝鮮戦争が始まる。当初の、国家の正当性を巡る民族内対立は、米国を中心とする国連軍が韓国を支援し、中国やソ連が北朝鮮を支援したことで、米中、米ソの代理戦争、いわば「国際内戦」に発展、泥沼化していった。

三年に及ぶ戦闘で、韓国・国連軍の死者は二〇万人、北朝鮮・中国軍は同約六五万人に達した。朝鮮半島の南北合わせて一〇〇〇万人を超える離散家族も生まれた。

日本に生活拠点を構えていた在日コリアンも、この戦争に翻弄された。韓国を支持する右派は義勇軍（「在日韓僑自願軍」）を募り、六〇〇人を超える同胞が韓国・国連軍に参加、うち五九人が戦死し、九七人は行方不明となった。

一方、北朝鮮を支持する左派の在日コリアンは、日本がこの戦争の兵站《へいたん》基地になったことに反発し、「祖国防衛」をスローガンとして、反米、反戦、反基地闘争を繰り広げた。特に五二年六月の吹田事件では、騒乱などの容疑で九二人の在日コリアンが逮捕された。この出来事は、在日コリアンが多かった大阪で製造され、当時の国鉄吹田操車場に集約された爆弾部品の神戸港への搬送を阻止するための反戦運動の一環だった。

事件の「首謀者」として逮捕され、その後二〇年近く無罪を勝ち取るため裁判闘争を続けた夫徳秀《ブトクス》さん（故人）に、大阪・十三の焼き鳥屋で当時の心境をうかがったことがある。「（事件は所属していた）組織の命令だったから逆らえんこともあったけど、大阪で作られた武器や弾薬が米軍に渡って、それで同じ民族が殺されるんを、黙って見とることできひんやろ」

韓国籍であれ、朝鮮籍であれ、在日を含めた多くのコリアンが、大国の介入に翻弄されながら、同じ民族と敵対し、戦い、投獄され、尊い命を失った。それが、朝鮮戦争だった。

五三年七月、和平の意思を表明した国連軍、北朝鮮軍、中国軍は戦闘を中止する「休戦」協定に調印した。韓国の李承晩《イスンマン》大統領は、最後まで反対し、署名を拒否した。

それから六〇年、戦争は未だ終わっていない。夫さんは、北朝鮮に帰国した長男と日本で暮らす妻や次男、三男が自由に会える日が来てほしいと願いつつ、二〇〇九年九月二九日、天国に旅立たれた。

（出所：『毎日新聞』二〇一三年八月一五日）

「文世光事件」とは何だったのか

謎につつまれた事件

一九七四年八月一五日、ソウルの国立劇場で開催された光復節記念式典の場で、何者かが朴正熙《パクチョンヒ》大統領を狙撃するという事件が起こった。大統領は難を逃れたが、銃弾の一発が陸英修《ユクヨンス》大統領夫人の頭部を貫通、大統領の身代わりに夫人が亡くなるという惨劇だった。

当時、高校二年生だった私は、テレビでこのニュースを見て、衝撃を受けた。犯人として逮捕された文世光《ムンセグァン》が、私と同じ在日コリアンであったからだ。文世光はすぐに裁判にかけられ、四カ月後には早くも死刑が執行された。事件の真相は多くの謎につつまれたまま、容疑者の死刑執行によって、闇に葬られることになった。

あの事件から三〇年、二〇〇五年五月、韓国政府はこれまで秘密のベールに覆われていた事件に関する外交文書の公開に踏み切った。公開された韓国法務省の「文世光事件」に関する資料は三〇〇〇ページに及ぶ膨大なものだが、事件には未だ不可解な部分が少なくない。

食い違う捜査結果

在日コリアンの文世光は、どのような経緯で犯行に至ったのだろうか。韓国側の資料では、一九七三年九月に「朝鮮総連の地方幹部が韓国政府の転覆を狙って文世光を扇動し、彼に大統領暗殺指令を下した」ことが、犯行のきっかけになったという。そして、七四年五月中旬に文世光が「朝鮮総連の地方幹部に犯行計画を報告」、同年七月二五日に「同幹部から現金八〇万円を受け取った」と同資料は報じている。

韓国側の資料は、朝鮮総連の同事件への関与を裏づけるためか、文世光が七四年二月に東京都内の病院に入院した際、「入院費用の二九万円を朝鮮総連の同幹部から受け取り」、「病院内で共産主義教育と狙撃訓練を受けた」とし、入院は偽装だったと断定している。

韓国側が発表したこうした捜査内容は、日本の警察が調べた同事件に関する捜査結果と食い違いを見せている。まず、日本側は文世光が犯行を決意したのは「一九七三年九月に彼が所属する在日韓国青年同盟(韓青)が朴政権打倒のスローガンを掲げた時である」とし、朝鮮総連指令説を否定、文世光の単独犯行だったと結論づけている。犯行資金の提供者についても、日本側は、朝鮮総連とは無関係の「マエダ」という人物から提供されたと報告している。また七四年二月の文世光の入院についても、彼が入った病室が七人部屋だったということもあり、病室内で共産主義教育や狙撃訓練を受けたというのは現実的ではないと、韓国側が主張する偽装入院説を否定している。

なぜ警備を突破できたか

日韓どちらの主張が正しいか、文世光が亡くなった今は判らない。ただ今回の韓国側の資料から、韓国外務省が事件が起こるかなり前から、朝鮮総連による破壊活動を警戒し、同団体に対する規制を日本側に強く求めていたことが明らかになった。事件が起こる三カ月前、七四年五月の時点で、韓国政府は「一九五三年三月から七四年四月までに、日本を経由して韓国に浸透し、検挙された北朝鮮のスパイが二二〇人に達している」と警告し、「日本政府が朝鮮総連の破壊活動を阻止するために有効な措置をとるよう」要請している。

韓国側は日本からやってくる北朝鮮のスパイを警戒し、彼らの活動を予期しながらも、なぜ日本で韓国の民主化運動を展開していた在日民族団体の中心的メンバーであった文世光の侵入を防ぐことができなかったのか。そして何よりも、銃を携帯した文世光がどのようにしてあれほど厳重な警備体制を突破し、招待客しか入れない会場に潜入することができたのか。どう考えても不可解な部分が少なくない。

利用された「在日」

当時、韓青で韓国の民主化運動を行っていたSさんは、あの事件を次のように振り返る。

「当時、韓国では朴大統領の独裁政治に反対する民主化運動が高揚していました。日本でも韓国側に拉致された金大中《キムデジュン》氏を救援する運動が活発化していた時期です。韓国政府は、こうした在日の民族団体による民主化運動を特に警戒していたようです。彼らは日本を北朝鮮の対南工作の拠点と考えていたからです。こうした状況のなかで、文世光は、当時の民主化運動弾圧の象徴的存在だった韓国中央情報部（ＫＣＩＡ）に利用された可能性が高いと思います。彼らは事前に文世光の計画を知りながらも、日本政府や在日社会への圧力を強める口実を作るため、彼が会場に侵入するのを黙認し、計画を不完全に実行させせたんです。銃弾が大統領夫人にあたってしまったことは、ＫＣＩＡにとっても誤算だったと思います」

韓国に留学した在日コリアンが「北朝鮮のスパイ」容疑で次々に逮捕され、死刑判決を受けるようになったのは、この事件以降のことである。海外の民主化運動の拠点だった在日社会への圧力を強めるために、この事件が韓国内のある勢力によって利用されたとすれば、これほど在日コリアンにとって悲しいことはない。徹底した過去史究明運動を通じて、事件の全容が解明されることを期待したい。

（出所：『環』二三号、二〇〇五年秋号）

金大中事件が問いかけるもの

――映画「ＫＴ」を観る

日韓共催で仲良くW杯を開催しようというこの時期に、なんで金大中事件なんだと思う人がいるかもしれない。日韓関係の暗部に切り込んだこの映画は、ある意味で実に挑戦的な作品だ。

「シュリ」「ＪＳＡ」など次々と話題作を配給し、日本で韓国映画をブレークさせたプロデューサー李鳳宇《リボンウ》は、この映画を制作した動機を次のように語っている。

「日韓新時代が声高に叫ばれる中、我々は居心地の悪さを感じていた。何の清算もしてこなかった両国が交流なんてできるのだろうか」

新しい日韓関係を築くには、その前提条件として、うやむやにされてきた両国の過去を見つめる必要がある。「ＫＴ」を観ると、制作者たちのそうした熱い思いが伝わってくる。

拉致・暗殺指令を受けた韓国の諜報部員。彼の行動に共鳴する自衛隊員。身体を張って金大中氏の命を守ろうとする在日コリアン青年。国家や政治に翻弄された男たちの生き様を通じて語られる七〇年代の日韓関係は、いびつであり、悲劇的である。

映画では、彼ら三者の攻防から、金大中事件の謎が解明されていく。日本の公安は拉致計画を防ぐことはできなかったのか。金大中氏はなぜ殺されずにすんだのか。拉致に関わった人物はなぜ指紋を残したのか。映画は、こうした疑問に大胆な解答を準備することで、見応えのあるサスペンス・ドラマに仕上げられている。

だが、この映画を観て、事件の謎がすべて解けたわけではない。最大の謎は、民主化時代を迎えた今も、事件の全容が解明されていないことだ。そうした点で、「KT」は、過去を封印してきた日韓関係の不正常さを、改めて教えてくれる作品である。W杯で浮かれる日韓の人々に、こうした日韓関係の現実を突き付けたとすれば、この映画の歴史的意義は少なくない。

（出所：『朝日新聞』二〇〇二年五月二一日）

二つの大震災と在日コリアン

Ⅰ

「先生、授業の予言がみごとに的中しましたね。でも、おうち、大変だったんじゃないですか。……」

阪神淡路大震災からほぼ一カ月、キャンパスで久し振りに出会った女子学生が被災者の私を呼び止めて囁いた。彼女との会話の中で、確か、一九九四年六月の講義で、近いうちに関東大震災クラスの大地震がやってくるかもしれないから、友人に在日コリアンがいたら今のうちに安全な場所に避難するようにいってやりなさい、となかばジョーダンのつもりで言ったことを思い出した。もちろんこれは、関東大震災で多くの在日コリアンが地震に乗じて殺されてしまった過去を皮肉ったものである。

たぶん日本史をちゃんと勉強した人であれば、当時、地震のパニックの中で「朝鮮人が井戸に毒をまいた」というデマが流されたこと、その後、一般日本人による自警団が関所を設け、通行人に「一五円五五銭(注1)」の発音を強制し、正しく発音できないものは朝鮮人と見做しリンチをくわえたり、殺してしまったことぐらいは知っているだろう。学生たちの多くも、高校時代に歴史の授業で「関東大震災下の社会主義者や朝鮮人の虐殺」については学んでいるようで、これぐらいでは驚かない。確かに、最近の高校教科書を見てみると、関東大震災のところには、「暴動発生などの流言飛語が伝えられて、少なくとも約六〇〇〇人の在日朝鮮人と数百人の在日中国人が虐殺された」（実教出版）と記されている。

だが私が、関東大震災の翌年（一九二四年）に皇太子ヒロヒト（当時）の結婚を祝って、関東大震災で朝鮮人を虐殺し検挙された七〇〇名にのぼる日本人が恩赦により無罪放免されたことを告げると、学生たちの顔色は変わる。多くの日本人民衆が朝鮮人を殺害したのは、皇太子の結婚による恩赦を見越してのものだったと推理すると、どうだろうか。「天下晴れての朝鮮人虐殺」の背後には、実は皇太子の結婚という国民的行事が隠されていたのである。ここまで言うと、学生たちの顔つきもそうとう険しくなっている。

これだけでは、おもしろくない。次に大震災の七〇年周期説を紹介する。これは、東京大学の有名な地震学者今村明恒が明治三八年に雑誌『太陽』に発表した研究成果からヒントを得たものである。なんのことはない。過去に起こった二つの大地震、安政二年に起こった江戸大地震（一八五五年）と大正一二年の関東大震災（一九二三年）との間隔は六八年であり、そうすると約七〇年に一度くらいの割合で大地震がやってくるのではないかという単純な考え方である。仮にこの七〇年説をその後に当てはめるとどうなるのか。次の大地震は関東大震災から数えれば一九二三＋七〇＝一九九三年、安政の大地震から数えれば一八五五年＋七〇×二で一九九五年にやってくることになる。

私がこの時期にこだわったのには、もう一つ理由がある。七〇年周期に該当する一九九三年の六月に「皇太子とマサコ様の御結婚」がタイムリーに執行され、みごとに前回の関東大震災どうよう「天下晴れての在日外国人虐待」の条件が整ったからである。二度目の地震による在日外国人の惨事が起こるとすれば、皇太子の結婚を前後する一九九三年から一九九五年にかけての時期ではないか、そんなサイババ的ジョークで授業をむすんだのは、関東大震災の教訓を日本人学生に本気で学んでほしいという、わたしの切ない思いの裏返しであった。

II

一九九五年一月、授業で述べた出鱈目な予言は見事に的中した。だが誤算だったのは、大地震が私自身が生活基盤を置く兵庫県を直撃したことだ。しばらくはベッドに倒れた洋服箪笥にうずもれ寝室を出られず、タンスや食器棚はのきなみ倒れ、家中にガラスの破片が散らばり、数千冊の書籍を分類していた書棚は倒壊。オヤジが五〇年ちかくにわたって集めた貴重な朝鮮の陶芸コレクションもこごなになった。また多くの在日コリアンの友人・知人も地震の犠牲になった。ながねん苦労して集めてきた朝鮮関係の書籍を陳列した私設図書館も、神戸に移転して一カ月で建物ごとこっぱみじんである。バカなことを言わなければよかった。きっとこれは神様が与えた罰にちがいない。そんなことを考えながら、私はマスコミが報じる地震情報の洪水に溺れていた。

日本の主要な新聞には、「避難所で助け合う在日コリアン被災者と日本人被災者の国籍を越えた友情」にまつわる美談が何度も掲載され、なかには「関東大震災のような惨事が起こらなかったことがせめてもの救いである」と報じた新聞もあった。韓国の主要な新聞も「地震による大惨事の最中もパニックにならず、冷静に復興に努める日本人の光景」に驚きを示しながら、「あの関東大震災で混乱に乗じて朝鮮人を虐殺した日本人とは思えない」という逆説的な日本賛美論が紙面を賑わしている。

ほんとうにそうだろうか。今回の地震で「悲しい日本人(注2)」は、いったいどこへ行ってしまったのだろうか。果たして日本人は、この地震で在日コリアンや在日外国人との共生を本当のものにしえたのだろうか。

まず、今回の地震で被害を受けた在日外国人はどれくらいいるのか。マスコミの報道によれば、阪神淡路大震災の被害者の総計は、死者六四三四人、負傷者四万三七九二人、全壊・半壊約二五万棟といわれている。むろんこの数字には、在日外国人の被災者も含まれている。だが「国籍別の被害調査は必要なし」とする日本政府や地方自治体の傲慢な姿勢によって、未だもって在日外国人の被害状況は判然としない。在日コリアンの受けた被害について、兵庫県警は死者一〇五名の名簿を公表しているが、依然として在日外国人の負傷者の数や住居・建物などの被害については国籍別に調査する気配はない。在日コリアンの死者数についても、在日の民族団体（民団兵庫県本部）が発表した一二七名という数字や在日韓国系の新聞（『統一日報』）が調査した一五三名という数字とはかなりひらきがある。なぜ、こんなことが起こるのか。自治体や県警側は「在日コリアンは日本名を使っている人が多く、日本人被災者と区別しにくい」と言うが、これは言い訳だろう。外国人被災者を本気で探そうと思えば、戸籍と照合してそこからはずれる者を抽出すればよいからである。普段、日本名を使っている在日コリアンでも、犯罪を犯せばたちまち本名が新聞に掲載されるのに、日本名を使って亡くなったら日本人として処理されてしまうという、この本末転倒な外国人管理の姿勢。「加害者（罰を受ける者）の場合は外国人、被害者や受賞者の場合は日本人として扱え」という外国人管理の基本理念は、現代版「創氏改名」制度にみごとに生かされていることを、この地震は改めて教えてくれたといえる。

Ⅲ

被災地で見られたという「国籍を越えた友情」は、どうか。美談は数多くマスコミで報じられているので、ここでは醜談をいくつか披露したい。今回の地震でもっとも甚大な被害を受けた兵庫県下の外国籍住民は、定住外国人の大多数を占める在日コリアン（約七万人）や在日中国人（約一万人）であることは間違いないが、日本語のわからない外国人労働者は被災後の救援情報がまったく理解できず、ある意味で定住外国人以上に悲惨な状況にあったようだ。尼崎市では、崩れた文化住宅から避難所に逃れようとしたベトナム人労働者が、市の職員に追い出されるという露骨な民族差別事件が起こっている。市民グループの介入によって、ベトナム人被災者は別の避難所を見つけるまでの間だけ、そこにいてもよいということになったようであるが、「国籍を越えた友情」とはほど遠い実情だ。また神戸市長田区の避難所でも生活習慣の違いやコミュニケーションの行き違いなどで、ベトナム人被災者と日本人被災者とのトラブルが絶えず、結局一二〇人近いベトナム人グループは日本人被災者と離れて別の公園でテント生活をすることになったという。この場合の問題は、自治体指定の避難所を逃れたベトナム人被災者には、ほとんど救援物資が配給されなかったことである。その後、飢えと寒さに苦しむ彼らのテント生活に救いの手をさしのべたのは日本人ではなく、外国人として同じ境遇に置かれた経験のある在日コリアンであった。ベトナム人の窮状を見かねた一部の在日コリアングループが、ベトナム人キャンプにガスコンロ、ラーメンなどの食料、その他の生活物資を提供したり、一部の人には避難テントの中でもできる内職の仕事を紹介したという。被災地域で花咲いた「国籍を越えた友情」が、心に同じ傷をもつ外国人同士の間であったというのは、なんとも皮肉な結末ではないか。

外国人関連の建物について、地震後の復旧・再建問題はどうだろうか。今回の地震で外国人の住宅や工場のみならず、外国人学校も大きな被害を受けている。神戸市内には三校の朝鮮学校があるが、そのうち中央区にある東神戸朝鮮初中級学校の被害が最も大きいと言われている。業者の検査で校舎は余震に耐えられないと診断され、建て替えるには一〇億円余りが必要ということだ。今回は特別に震災対策の補正予算で国庫補助が設けられ、外国人学校に限り施設復旧費の二分の一が補助金であてがわれ、残金の二分の一についても私学振興財団から低利融資を受けることが可能となった。しかし低利といえども五億円の融資を受けてそれを返済していくのは、彼らの置かれた現在の諸事情では並み大抵のことではない。朝鮮学校の運営はこれまでかなりの部分を在日コリアンの商工人の寄付に依存してきたが、彼ら自身が今回の最大の被害者であるからだ。

地震の被害で在日コリアン労働者の多くが関わってきたケミカルシューズ業界では、二〇〇〇社以上が操業不能に陥り、関連従業員を含めると一万人以上の在日コリアン労働者が失業したと言われている（『東洋経済日報』一九九五年二月一〇日）。また神戸市内で在日コリアンが営む飲食店やスナックなどの約四〇〇店舗の大部分は営業再開の目途が立っていないのが実情だ（『統一日報』一九九五年二月一一日）。このままでは、被災地の生徒から授業料をもらうこともできず、また同胞の商工人からの寄付も期待できない。在日コリアン三世・四世の同化が進むにつれ、民族学校に通う在日の児童は確かに減り続けているが、今回の日本の対応は民族学校の経営危機を促すことにもなりかねない。

兵庫県議会は一九九五年三月一四日、『定住外国人の地方参政権に関する意見書』案を可決した。そこには、次のような素晴らしいメッセージが添えられている。

「兵庫県南部地震の際には、外国人であると否とにかかわらず助け合い、共に生きる県民の姿を内外に示した。定住外国人が地域社会の発展に、より寄与できる環境整備が望まれる」（『定住外国人の地方参政権に関する意見書』より）

「国境を越えた友情」とは何か。「共生」とは何か。今回の地震は、もう一度日本人に、この問題を考え直すきっかけを与えているといえるだろう。

注

(1)　朝鮮語には語頭に濁音が来ない特性を利用し、震災時に「一五円五五銭」の発音をさせ、それをもって日本人と朝鮮人を見分けようとした。

(2)　田麗玉（金学文訳）『悲しい日本人』（たま出版、一九九四年）。同書（原書名は『イルボヌン　オプタ』）は、韓国で一〇〇万部を突破したベストセラー。日本特配派員の立場から、外国人に対して冷たい日本人や日本社会の歪みをかなり誇張的に記述した問題作である。

（出所：『インパクション』第九一号、一九九五年四月）

拉致事件と在日コリアン

在日コリアンにとって、毎日が憂鬱だ。拉致問題をめぐる日朝間の摩擦が激化するにつれ、朝鮮民主主義人民共和国（北朝鮮）を祖国とする在日コリアンへの嫌がらせや暴力行為が頻発しているからだ。朝鮮総連に「本部に銃弾を撃ち込む、朝鮮学校の生徒を狙う」という電話がかかるなど、脅迫内容も半端なものではない。

子どもを朝鮮学校に通わせている親たちは不安で眠れないだろう。朝鮮学校の子どもたちは、いつまでこの恐怖におびえなければならないのか。怒りとともにやるせなさが募る。

なぜこんなことが起こるのか。もし、朝鮮学校への攻撃が拉致事件への報復であるなら、これほど不幸な暴力の連鎖はない。

日朝交渉がまとまれば、こうした報復はおさまるかもしれない。だが、展望は明るくない。拉致問題の解決を最優先課題とする日本と、まず第一に過去の清算の具体化を求める北朝鮮が譲りあう気配を見せていないからだ。日本が拉致問題の解決を促せば、北朝鮮は多くの朝鮮人を日本に強制連行した日本の戦争責任放棄こそ問題だと反論する。

戦争中の強制連行と、平和な現在の拉致問題を比較できないという人もいるだろう。だが拉致事件も強制連行も、国家暴力によって個人の人権が侵害された点では共通しており、平時であろうとなかろうと、暴力をふるった国家が被害者である個人に謝罪と補償を行うのは当然である。

にもかかわらず、二つの懸案がなかなか解決しそうにないのは、両国とも加害者意識よりも被害者意識が強く、加害と被害の関係が国と個人の関係ではなく、国対国の関係にすり替えられているからである。北朝鮮政府に向けられるべき怒りが、在日コリアンに向けられているのも、やはり国家と個人を混同した行為といえる。

「拉致問題の解決が先か、それとも強制連行への保障が先か」という平行線の議論から抜けだすためには、両国とも加害者としての事実を重く受けとめ、謝罪と補償の対象が被害を受けた国ではなく、被害者個人に向けられるべきことを強く意識する必要がある。

ずばり言えば、日本政府は北朝鮮に対する経済協力以上に、植民地時代に日本に徴用され行方不明になっている朝鮮人労働者の安否調査や北朝鮮国内の元日本軍慰安婦と朝鮮人被爆者への補償と救済に力を入れるべきである。

北朝鮮も日本政府ではなく、拉致被害者とその家族に対して誠意ある謝罪と対応を行う必要がある。被害者家族の帰国のみならず、死亡とされた被害者に関して詳細な調査を行い、納得のできる報告書を家族に提出しなければならない。

私は在日コリアン三世だが、戦時中に日本に連行された朝鮮人を親族にもつ在日コリアンほど、北朝鮮に拉致された日本人家族の苦しみや悲しみを理解できる人間はいないと思う。両者は本来、国家暴力の不当性を告発する民として、共闘しうる仲間であるはずだ。拉致問題で心を痛めているのは、日本人だけではないことを忘れないでほしい。暴力の連鎖を断ち切るためには、国家ではなく、民の立場から、問題を解決していく努力が必要だ。

（出所：『朝日新聞』二〇〇二年一二月二六日）

追記：今年（二〇一四年）五月、安倍政権は北朝鮮が拉致された可能性のある人々を含む行方不明者の捜索・調査を行うことを条件に、日朝交渉を再開させることを決定した。今回の日朝交渉がどれくらい進展するのかはまだ未知数の部分が多い。とはいえ、この交渉で北朝鮮が日本人拉致被害者・行方不明者の捜査や安否確認、生存者の帰国に全力で取り組むことを約束させると同時に、日本政府もまた北朝鮮との間で未解決になっている戦後補償問題に真摯に取り組む決断が必要であろう。

帰化代議士の誕生

プロローグ

一九八六年七月、韓国のマスコミは日本の特派員から送られてくる衆参同日選挙の結果にかつてない関心を寄せていた。中曽根自民党の圧倒的勝利にわきかえる保守陣営のはしゃぎぶりや、「五五年体制」の終焉に戸惑いをみせる野党の困惑をしりめに、韓国のマスコミは一人の新人候補の当落に最大の関心を払っていた。

新井将敬、三八歳（当時）。元大蔵官僚で自民党、中曽根派の新人である。彼が立候補した東京二区には、同じ自民党から石原慎太郎という保守の大物をはじめ、社会党の上田哲、民社党の大内敬伍、共産党の岡崎万寿秀、公明党の鈴切康雄など五党を代表する古参の政治家たちが密集し、ながらく新顔の参入を阻んでいた。こうした状況に加えて、円高に喘ぐ多くの中小企業主や、航空機騒音、小笠原諸島の開発、不公平税制を叫ぶ市民グループの台頭など、日本の都市問題の縮図ともいえるこの二区で、二世議員でもなく、二区出身でもない一人の新人が、この五人の老練な政治家たちの一角に食い込むことはほとんど不可能のように思われていた。

実際、新井はこれが初めての選挙ではない。初出馬した八三年の選挙では、保守基盤を切りくずすことができず、わずか四万票しか獲得できなかった苦い経験がある。

だが今回は様子が違っていた。マスコミの予想に反して、この三八歳の新人候補は、開票後グングン票を伸ばした。大島、三宅、小笠原などの島部では他候補に及ばなかったものの、品川区では石原氏に次ぐ三万票、大票田の大田区では六万八〇〇〇票の最多投票を得て、野党候補をどんどん引き離していった。

新井将敬は、大勢の支援者と開票速報の行方を見守りながら、ながかった下積みの時代を思い出していた。

金権選挙の洗礼

「渡辺美智雄大蔵大臣の紹介状をおもちのかたが、会長にぜひお会いしたいと申しておられますが……」

「今は、いないといえ」

紹介された製薬会社の会長室からもれてくるやりとりに、彼はふかい溜め息をついた。今日は、もうなんど無駄足を運んだことだろう。

衆議院選挙に立候補するために、九年あまり勤めた大蔵省をやめて一年余り、毎日が戦いの連続だった。退職金一六二万円と師と仰ぐ渡辺美智雄代議士から軍資金としてもらった三〇〇万円をあわせても五〇〇万円たらず、年一億円はかかるといわれる選挙資金をいかにして捻出するかが、まず彼にとって悩みの種であった。そのために、まず最初に始めた仕事が、企業まわりをして一カ月一万円の後援会員をふやすことである。だが一日一〇件以上の企業を訪問しても、いろよい返事をもらえるのはまれ、最初は、居留守を使われて追い返される日が続いた。

とにかく金がかかる。選挙用のポスター一枚作るにしても、ちょっとしたカメラマンに撮影してもらえば五〇〇〇枚印刷して一〇〇万円、ポスターを貼るのに必要な両面テープに、ポスター貼りの学生アルバイトの経費を合計すれば、ポスター一枚当たりの単価は四〇〇円近くになり、五〇〇〇枚分の合計金額は二〇〇万円にもなる。

しかし一番金がかかるのは選挙に備えた交際費である。二世議員でもなければ、二区出身者でもない彼が当選するためには、ともかくねばり強い広報活動を繰り広げて顔を売るしかない。したがって彼が考えついたのは、これまで二世議員が展開してきた国会議員－都議－区議を軸とする組織型の選挙運動ではなく、政治的には無色の中間層にターゲットをしぼったゲリラ型の選挙運動であった。

そのために彼は、区内で催されるミニ集会には精力的に顔をだすようにした。一月になれば、午前一一時から夜八時まで一日平均一七カ所の新年会に顔をだし、自らの政治信条を披露した。といっても、二、三分のごく簡単な挨拶をしたあと、何人かの人と握手をし、酒をつぎ、一万円の祝儀を置いて退散する。毎日がこれの繰り返しであった。一月には、こうした新年会の出席費用だけで二〇〇万円が消えた。

さらに、選挙事務所の維持費もばかにならない。区内に借りた事務所の家賃と私費で雇っている秘書や事務員の手当てに毎月最低二〇〇万円はかかる。選挙が近づけば、毎朝ＪＲや私鉄沿線の駅前で

「立ちあい演説」をやる。この時も、選挙カーのレンタル代やウグイス嬢、さらにパンフレットを配る学生アルバイトの人件費で、毎日一〇〇万単位のお金が湯水のように消えていく。

こうして、最初に選挙に立候補した一九八三年に、彼が選挙運動に投じた総費用は公表分だけでも七三二四万円に達している。

彼は、この費用を、政治団体や企業からの献金と寄付だけで賄うことはできなかった。政治資金規正法で個人から一つの団体に行いうる寄付金の上限が年間一五〇万円に制限されているため、企業人脈の手薄な新人候補の彼にとって、こうした献金では三〇〇〇万円を集めるのが精一杯であった。不足分の四〇〇〇万円は、秘書時代に身に付けたパー券販売から捻出したものである。「励ます会」の名目で開かれるパーティー券の販売は規正法の制限対象からはずされているので、集金方法としては最もてっとりばやい。といっても、彼のような無名の新人にとっては、パー券をさばくのもひと苦労であった。

暴かれた過去

だが、彼にとって、「カネ作り」以上に苦しめられたのは、日本社会に根差していた根強い「民族差別」の壁であった。一九八三年一二月、総選挙公示日の朝刊に、一候補者として彼の略歴が掲載されたのが、ことの始まりであった。この中に「東大卒。大蔵省銀行局課長補佐、元大蔵大臣秘書官」という輝かしい経歴にまじって、「両親が韓国人で、子供のときに日本籍に帰化」という一行がそえられていた。このなにげない一行が、後日大きな波紋を呼ぶことになる。

この日から、彼は他の陣営や右翼グループから「元韓国人」ということで想像を越えたいやがらせを受けることになる。事務所に「朝鮮人は、選挙にかかわるな」「勝共連合のまわし者」などという脅迫状が送られてきたり、ポスターに「チョーセン人」という落書きを書かれたり、「元朝鮮人は出馬する資格なし」などといういやがらせの電話がかかるのが日常茶飯事となった。

とりわけ、同じ選挙区内で戦うことになった石原陣営の攻撃は凄まじかった。ある日、石原氏の秘書が彼のポスターにいやがらせのシールを貼って逮捕されるという事件が起こったが、それ以外にも、立ちあい演説中に石原親衛隊からツバを吐きかけられたり、コウモリ傘を投げつけられたこともあった。しかしなによりも彼にとって辛かったのは、石原氏自身がマスコミを通じて彼の原籍を問題にし始めたことである。

当時、石原慎太郎は『週刊新潮』のインタビューで次のようなコメントを残している。

「帰化した人が代議士になるのは、差別とか偏見とかではなくて、問題があると思うんです。一つは、日韓関係で摩擦が生じた時、彼はどちらの国益を優先させるのか、という問題です。彼の原籍が北か南かよく知りませんが、日本と韓国との間には教科書問題や竹島の問題があるし、いっぽう北は日本を敵視する大変な国ですしね。……帰化したといっても、元の祖国に対する愛着があるのはごく自然ですから、二つの国の板挟みになって、本人も辛いことになると思いますよ。もう一つの問題は、選挙公報には嘘は書いてはいけないということです。私は、国民の知る権利からいっても、帰化した事実は経歴にはっきり書くべきだと思うんです」

この石原氏の発言は、以後、新井の選挙運動に微妙な変化を及ぼすことになる。

民族差別を乗り越えて

石原陣営の徹底的な妨害によって、一回目の選挙に敗れた彼は、次の選挙に打つ勝つためには、どうしても国籍の壁を打ち破らねばならなかった。他の陣営やマスコミの民族差別を乗り越えて、有権者の心をどのように引きつけるか、彼の関心はこの一点にしぼられた。

落選後、彼は、自らの親衛隊を組織するために駆けずりまわった。彼は、毎朝七時半から九時まで選挙区内の主要な駅前で「立ちあい演説」を行い、昼間は二〇ほどの会合に顔をだし、夕方になると五～六カ所の商店街を回り、夜は四カ所で個人演説会を行うという超ハード・スケジュールをこなしていった。そこで彼は、有権者にありのままの自分を語ることによって、「ほんとうに自分を愛してくれる」グループを作ろうとしたのである。

「私にはハンディキャップがあります。三代前は朝鮮の人でした。……祖父の代に日本にきましたが、朝鮮でも名門の出で、国籍を変えなかったわけであります。幼少期から私は、ひたすら自由で開かれた日本社会を夢見てきました。……皆さんの手で、すべての人にチャンスが与えられるような社会を実現しようではありませんか……」

新井将敬は、一九四八年一月一二日、在日朝鮮人朴義男氏の長男として、大阪の曽根崎町に生まれた。本名朴景在《パクキョンジェ》、通名将敬と名付けられる。幼少時代は、思っていることの一〇分の一も相手に伝えられないほど内面的な子であったという。彼は、少年時代の苦悩を次のように語っている。

「もちろんそういう国籍（朝鮮籍）だったから、普通の幼少期ではないような感じかたをせざるをえなかった……どう考えても自分は日本人なのに、違う国籍をもって引っ張られる。小さい子供だった僕に、そういうことが嵐のように襲いかかってきた」

日本社会に生を受けながら自分が朝鮮人であることに違和感を感じながら、新井少年は幼少期から「すべての人にチャンスが与えられる社会」を夢見るようになる。やがて彼のこうしたアメリカン・ドリームへの願望は、成長するにつれてふくらんでいく。

彼が日本国籍を取得したのは、両親の帰化申請が認められた一九六六年の一〇月である。彼が高校を卒業した年であった。日本籍を得た彼は、自分の目標を達成するために、ひたすら日本社会のエリートコースの道を歩んで行こうと決心する。

翌年、東京大学理科一類に入学。学生時代は、ノン・セクトながら学生運動の渦中に巻き込まれていく。やがて東大紛争の最中に読んだ宇野弘蔵の『経済原論』に感化され、経済学部に転部。東大卒業後、肉体労働を求めて新日鉄に入社。高炉前での三交替制の合間をぬって勉強を続ける。一九七三年、国家公務員上級試験に合格。あこがれの大蔵省に入省。その後、税務署長、銀行局総務課長補佐をへて、一九八一年渡辺美智雄大蔵大臣の秘書官に就任。一九八三年、渡辺美智雄氏にその働きぶりを認められ、東京二区から衆院選に出馬する。

まさに彼が歩んだエリートコースは、少年時代のアメリカン・ドリームを実現する過程であると同時に、在日コリアンとしての自己を喪失していく道程であるはずであった。

国籍に苦しんだ幼少期の思い出、学生運動をやっていたころの夫人との劇的な出会い、同棲時代の苦しい生活、国家公務員試験にパスするために厳しい仕事の合間をぬって行った猛勉強、大蔵省への子連れ入省、渡辺美智雄氏との遭遇など、彼は支援者を前に自分の過去をあらいざらいぶちまけた。こうして彼は、様々なサークルに出かけ、自分の生きざまを語ることで、熱烈な新井信者を育てていくことに成功する。だが一方で、有権者の前で自己をさらすとき、彼は一度忘れ去ろうとした祖国へと引きずられていく不思議な力を感じていた。

日韓のはざまで

一九八四年には、地元の有力者六〇名が顧問となって、最初の後援会が結成され、以後地元の商店街を中心に次々と彼を支持する後援会が結成されていく。こうして彼は、その甘いマスクと巧みな弁舌を武器に、一九八六年の選挙時には二五〇もの後援会を組織するまでになる。

この結果、彼はトップの石原慎太郎に迫る一〇万票以上の高い得票を得て、二度目の挑戦でみごと衆議院議員に当選する。激戦区の二区で二人目の与党議員の誕生に自民党本部は沸き返ったが、なによりも彼に熱い視線を注いだのは韓国のマスコミであった。彼らがこの新人候補の当選をニュースとして取り上げたのは、「地盤なし、親の七光なし、金無し」の文字どおり裸一貫から無名の新人が激戦区を勝ち抜いたからではない。閉鎖的な日本社会で、戦後初めて韓国籍から日本に帰化をした「在日僑胞」が国会議員に当選したからである。それは、彼らにとってまぎれもなく「日韓新時代を象徴する」出来事であった。

韓国からきた特派員たちは、一斉に「日本に初の韓国系代議士誕生」というトクダネを本国に向かって流しはじめた。

当選後、新井はソウル・オリンピック組織委員会の招待で、祖国の土を踏むことになる。彼が韓国にやってきたのはこれが初めてではない。五年前に蔵相秘書官として一度訪れたことがある。だが祖国の歓迎ぶりは前回とは較べものにはならなかった。彼は、この年の九月にソウルで開催されたアジア大会の開会式に出席した後、全斗煥《チョンドゥファン》大統領をはじめ韓国の主要な閣僚とも会談し、親韓派を大いに印象づけた。

当然、彼は「初の韓国系代議士」としてマスコミの取材攻撃を受ける。そこで、彼は韓国と自分との関係を改めて問われることになる。

「選挙中に卑劣な民族差別を受けたようですが……」

彼は、選挙中に受けたいわれなき誹謗、中傷、嫌がらせの一つ一つをもみ消すように、力説した。

「バカなヤツはごく一部です。僕のように、両親が在日韓国人で、日本に帰化した人間が衆議院議員になろうとは、昔は考えられなかったでしょう。ところが日本人はこんな僕を当選させてくれたんです。これこそ、日本社会が自由である、国際化し始めた一つの証明じゃないでしょうか」

記者の一人が、待ち受けたように追い討ちをかけた。

「日本に帰化されたわけですが、あなたにとって、本当の祖国はどちらだと思われますか」

新井は、記者たちが自分に何を言わそうとしているのか、わかっていた。けれども、彼は記者たちの期待を裏切って、キッパリと言い切った。

「日本です……」

会場に一瞬どよめきが起こったが、記者たちは意地悪な質問をやめようとはしなかった。

「初の韓国系代議士としての抱負を聞かせて下さい」

彼は、あくまで同じ民族の一員として自分を見ようとする彼らの視線を諭すように言い放った。

「ことわっておきますが、僕は別に在日韓国人の代表として当選したわけじゃありません」

一瞬の沈黙の後に、彼は静まり返った会場に向かって呟いた。

「けれども、韓国に対して僕でないと言えないようなこともあるかもしれない。僕は、いい意味で日韓のパイプ役になれればいいと思っています……」

彼は記者たちの顔色がなごむのを確かめながら、最後に言い放った。

「今日はこんなに記者の人達に集まっていただけたのは、やはり、僕みたいなの（帰化人）が当選したということで、閉鎖的な日本という皆さんのイメージが裏切られ、開かれた日本への期待が大きくなった証拠であると思います。そういった意味からも、僕は、日本の国際化のために、全力で働かなければならないことを痛感しています」

彼は、記者達の執拗なインタビューに答えながら、だんだん祖国から逃げられなくなっていく自分の存在を感じていた。

エピローグ

一九九〇年春、新井は苦しい選挙を勝ち抜いて、二度目の当選を果たした。だが、今回の選挙ほど、彼にとって不利な材料が出揃った選挙はなかった。すでに、有権者の間では、彼が帰化人であることは周知の事実であり、加えて彼がリクルート事件の渦中にある中曽根派に所属していることも、選挙運動を進めるうえで、大きなマイナス材料であった。そしてなによりも、消費税を強行導入した自民党代議士に対して、依然世間の風当たりは強かった。経営難に喘ぐ地元商店街、中小企業主を選挙母体とする新井にとって、これは致命的な戦況であった。

週刊誌やテレビで行われた直前の選挙予想で、新井の再選を疑問視する声が高まっていたのも頷ける。前回新井のあおりを食って落選した民社党書記長、大内啓伍が壮絶な選挙運動を展開していたし、東欧情勢によって窮地に追い込まれた共産党の岡崎陣営も、挙党体制で選挙に臨んでいた。

新井は、四面楚歌のこの状況で、いったいどのような選挙をやるのか。私は、彼の戦いぶりに注目するようになった。

一連の選挙活動に取材して、私の印象に残ったのは、彼が他の自民党候補者のように、東欧情勢をもちだして、社会党や共産党候補を攻撃したり、あるいは自分の置かれた不利な状況からけっして逃げようとしなかったことである。彼は、当選後、様々な雑誌インタビューで自分が「元韓国人」であることを雄弁に語り、自らの親分である中曽根「元総理のけじめ」を主張し、選挙が近づくとあらゆるマス・メディアを通じて「消費税の必要性」を説いた。とくに消費税の問題では、具体的な代替案を欠く野党の消費税批判を「選挙目当ての迎合策」と批判し、「このまま放置すると、サラリーマンの所得税の負担は、将来四〇パーセントを超えることになり、彼らは働きがいを失う」と長期的ビジョンに立った政策の実施を訴え続けた。

消費税の導入に対して批判的な有権者に対して、一見、挑戦的な新井のスローガンは、確かにかなりの批判票を民社党、社会党に流出させることになったが、逆に「選挙目当ての政治屋」に嫌悪感を示し始めていた右寄りの流動票を集めることに成功した。前回の選挙には及ばなかったものの、新井はこの選挙で八万六〇〇〇票を獲得し、堂々三位で当選を果たすのである。

政治家としての彼の真価が問われるのはまさにこれからである。「帰化代議士として自分に何ができるのか」、彼は自分自身に問い続ける。これから当選を重ねて、やがて大臣をねらうとき、どのような障害が横たわっているのか、彼には見当がつかない。でも彼は自らの境遇をいかして、「日韓のかけ橋になれれば……」と密かに思っている。だが彼の前途には、帰化人に対する偏見と差別という大きな障害が横たわっている。近い将来、彼が「帰化代議士」という境遇を、行く手をはばむ障害ではなく、国際的な視野として機能できるメリットに転換させたとき、彼は一まわり大きな政治家としてはばたくことができるにちがいない。

この文章を書き終えたとき、海の向こうのペルーから、日系大統領の誕生というビッグ・ニュースが飛び込んできた。

「日本に、フジモリ二世が誕生する日は来るのだろうか……」。そんなことを考えながら、私は勝利宣言をするフジモリの笑顔に新井将敬の将来をだぶらせていた。

（出所：『ほるもん文化』創刊号、一九九〇年）

新井将敬の遺言状

新井将敬夫人
新井真理子 × 朴一

朴一　――以前に、私はこの在日韓人資料館で、新井将敬氏についてお話をする機会がありました。力道山夫人にお話を伺った後で、できれば新井将敬さんと最も長い時間を共有された奥様にこの会場に来ていただき、いろいろお話を伺いたいと思っておりました。

私はあくまで学問の世界で新井将敬さんを捉えておりますが、実際に長い間「戦友」として、新井さんと生活を共にされた「夫人」という立場で見ると、メディアで報道されている人とは違う、もっと人間らしい側面が見えてくるのではないかと思ったからです。

そんな時にこの『最後の恋文　天国のあなたへ――「新井将敬の妻」は私の天職だった』（新井真理子、情報センター出版局、二〇〇五年）という手記を読みました。このサブタイトルにもドキッとさせられたのですが、中身を読みますと、ものすごく強烈な新井さんとの思い出がいろいろと紹介されています。私は正直、これを読み、実際の世の中にこのような話があり得るんだろうかという衝撃を受けました。そういうことも含めて、本日真理子さんに新井さんについていろいろとお伺いし、人間・新井将敬の実像に迫ることができればと思っています。今日は本当にありがとうございます。

新井真理子　――皆様こんにちは。大変光栄です。ありがとうございます。

朴　――まず、真理子さんのプロフィールなどをお伺いします。真理子さんは東日本大震災の被災地でもあります、福島県いわき市湯本でお生まれになりました。真理子さんのお母さんはソウルからの戦後引揚者だったそうですね。

新井　――はい、そうです。

朴　――真理子さんは五人兄弟の真ん中のお子さんでした。奇偶ですが、力道山夫人の田中敬子さんと同じように、高校卒業後、日本航空の国際線スチュワーデスになられたということですが、スチュワーデスを目指されたのはどういう経緯だったのでしょうか。

新井　――私が生まれたいわき市というのは地方都市で、「中途半端な田舎」なんです。みんな、目は東京に向いているんですね。もっと離れた青森、秋田、岩手、山形など、本当に田舎、田舎しているところは、そこで十分暮らしていけるという方がたくさんいらっしゃるのですが、いわき市は茨城県のすぐ上のあたりにあり、田舎というよりは、地方都市が少しさびれているようなイメージのところで、若い私たちにとっては、あまり魅力を感じられない町でした。

特に私は「外に飛び立ちたい」という、人より強い意志がありましたので、日本航空がジャンボジェットを導入した時に高校生も採用するということを聞きつけ、大学四年間うろうろしているよりは手っ取り早いかしらと思い、早速飛びついたわけです。そこから逃れよう、と思ったんですね。

朴　――きっかけとして小学生の時に見た、「兼高かおる世界の旅」という番組があったということ

新井　とですが。私も実は毎週欠かさずあの番組を見ていました。良かれ悪しかれ私たちの世代は影響を受けた番組だと思うのですが。

朴　――はい。日曜の度にわくわくしながらテレビを見ておりました。

新井　――実際にスチュワーデスの試験を受けても、合格するかどうかわかりませんよね。この本によると「当時高校卒業生で、国際線のスチュワーデスに合格した人は三人しかいなかった」ということですが、かなり狭き門ですね。

　そして、やっと憧れのスチュワーデスになられたわけですが、入って六カ月くらいの時に新井さんと出会った。国際線スチュワーデスとして勤務されたのはどれくらいですか。

新井　――一一カ月くらいですか……。

朴　――一一カ月。そうすると、日本航空はかなり損ですよね（笑）。

新井　――そうですね。大変強く引き留められました。それだけお金をかけているんだから、三年は働いてもらわないと困ると、ちょっと脅されました。

朴　――上からお父さんに圧力がかかって、「娘を説得して戻してくれ」と言われたけど、お父さんが一緒に会社まで行って謝ってくれたそうですね。

新井　――はい、そうです。まだ、私は未成年でしたので。

朴　――ということは、一八歳でスチュワーデスになられて、一九歳になられる頃には、スチュワーデスの仕事は終わってしまったと。

新井　――はい。

朴　――新井将敬さんと出会ったことが、ひとつのきっかけだったと思うのですが、新井さんとは「学園祭でたまたま出会った」と書いてありますね。その時のことを思い出す限り、再現していただけませんか。

新井　――女子高時代にすごく仲の良い三人組がおりました。その内の一人が東京女子大学に通っていましたので、そこの文化祭に三人で繰り出しました。

大学の文化祭では必ずミラーボールがくるくる光る、ディスコルームというのがあり、そこへみんなで入ったんですね。でも、薄暗くてすごく混雑していて、みんな散り散りになってしまった。すると、ちょうどスポットライトが当たるところに、とてもかっこいい男の人と、すごくグラマーな女の子が二人で踊っていました。「う～ん、これが都会だなぁ。でも、私とは違う世界だな」と思いながら、薄暗い中で踊っていたのですが、たまたま後ろにいた誰かとぶつかって、「あ、ごめんなさい」と言ったときに、振り返った人が、先ほどスポットライトを浴びて踊っていた新井将敬だったわけです。だから「ごめんなさい」が、第一声でした。

それをきっかけに、少し一緒に踊ったりしてたんですが、友だちと「夕方には帰りましょう」と約束していたので、「もうちょっとあの方を見ていたいな」と後ろ髪を引かれる思いでしたが、帰ろうとしていました。そしたら、後ろから声をかけられました。

朴　――それで、電話番号を聞かれたんですね。

新井　――そうですね。大学の門を出るか出ないかのところで、友だちと「今日はどうだった」というふうな話をしながら、心の中では、さっきの男の人のことがとても気になっていたんですね。

すると、声をかけられたその人がそこにいるわけです。そして単刀直入に「電話番号を教えて」と言われました。

朴　当時はもちろん携帯電話もありませんし、たまたま私は同僚と二人でアパートを借りたばかりだったのですが、電話がつく工事が一週間後になっていた。ただ、すでに電話番号はもらっていたので、そのことがうれしくて、誰かに教えたかったというタイミングでもあったんですけど、メモもないし、鉛筆もないし、もちろん録音するものも何もない。通常男の人は電話番号を一回聞いただけで覚えられるわけがないと思っていましたが、「誰かにしゃべりたい」という気持ちの方が強くて、電話番号を教えました。もちろんメモはしていません。一回言っただけです。

新井　――学園祭に行って一日会った男の人に電話番号を聞かれて、すぐに教えるというのもいかがなものか、と私は思いますが（笑）、おそらく、どこか惹かれるところがあったんでしょうね。

朴　――電話をかけても通じませんから――。

――そうでしょうね。今みたいな携帯電話ではありません。コードがある昔の電話ですよね。

新井将敬さんは、真理子さんが「一回しか言わないから」と言ったその番号を一瞬にして覚えて、真理子さんの電話が設置される一週間の間、ずっと電話をかけ続けていたそうですね。その間真理子さんは、スチュワーデスの仕事で日本と海外を行ったり来たりしていたでしょうから、なかなかかからなかった。それでも、新井将敬さんは真理子さんに会いたい一心で、電話をかけ続けていた、と。

新井　――客観的に見ると、普通の男性が皆やることなのかもしれませんけど。

朴　――いやいや、普通の男性はそこまでしないと思いますが（笑）。

新井　――やっぱりいろいろなことがうまく組み合わさっていたな、と思います。その一週間はフライトで日本に居りませんので、帰ってくる頃に工事を予約していました。工事が終わり電話がついて、最初にうちの両親に電話をしようと受話器を取ろうとしたその時に、電話がかかって来たんです。

初めての電話ですね。「誰にも教えていないのに、誰からかな」と思いながら電話に出ると、主人からだったんですね。

朴　――それからしても、電撃的な赤い糸という感じですね。それで新井さんと電話でデートの日を決められたんですね。

新井　――翌日ですね。

朴　――しかもそのデートに真理子さんは二時間も遅れて行ったらしいんですね。普通二時間待ちます？　普通なら限度は一時間くらいでしょう。それでも新井さんは一切怒らずに、真理子さんに「お腹減っているだろう」と。この台詞がすごいですよね。本当なんですか。

新井　――はい。

朴　――口説きのテクニックとしては、韓流ドラマ以上のものがあると思うんですけど。なかなか包容力があるという感じですよね。最初のデートはどうだったんですか。

新井　――私も国際線なんかに乗っておりましたけれど、田舎からポッと出てきたばかりの女の子でしたので、渋谷がどういう街かまだよくわかりませんでした。でも、「渋谷のジローって知ってる？」と聞かれたときに、「もちろん知ってる」って答えてしまったんです。ジローは当時とても有名なピザ屋さんだったんですね。ちょっと、トレンディーな。だから、行けばだいたいわかるだろうと思っていたんですけど、どこにあるかまったく見当がつかないんですね。誰に聞いてもジローなんて知らないんです。結局、たどりつくまで二時間もかかってしまいました。

朴　――この本によりますと、その日に会われて、その日はそのまま新井さんの家に泊まったと。

新井　――そうですね。

朴　――それもすごいですね。出会ったその日に男の人の家に行くなんて（笑）。やっぱり相当惹かれたわけですか。

新井　――すごい引力と言いますか、収まるべきところに収まるというような感じですね。もちろん理屈で考えるとか、両親の顔を思い浮かべるとそれはあんまりなことですけれど、お互い引力を強く感じた、としか言えません。

朴　――新井さんの家に泊まられた翌日、真理子さんは日航の仕事で家に待機しなければならなかった。すると今度は新井さんが真理子さんの家に行かれたそうですね。

新井　――ちゃんと連絡が取れるように「自宅待機」というのも仕事の内ですので。

朴　――それで結局二人は離れられないような状況になったと。

新井　――そうですね。

朴　――それはすごい。うらやましいと言いますか――。この本には新井さんの真理子さんに対する思いが伝わってくる言葉がいろいろ書いてあります。例えば、

「俺はね、自分は女で人生が変わるタイプじゃないと思っていたんだ。だけどそんな思い上がりはひっくり返った。やっと生きるべき理由が見つかった。自分はそのためなら死ねる理由を見つけたんだ」

つまり真理子さんと会ったことが「生きる理由」だったと。こんな口説き文句を言ってみたいですよね（笑）。そう言われたんですか？

新井　――はい。

朴　――「俺は真理子と二人で完璧な世界を創り上げたい」と言われているんですけれども、例えばこういうことを男性に言われた時に、女性だったら「またこの人いい加減なことを言っているわ」と、疑いを感じることもあると思うのですが、一切そういうことはなかったのですか。

新井　――私、高校時代は田舎の女子校で、男性との付き合いがなかったんですね。全くの無菌状態で、初めてお付き合いをした男性と結婚をした感じですか。だから「男性とのかけ引き」という体験がなかったので、「男の人はこういうふうに言うんだろう」というような詮索もせずに、その人を見て判断したというところはありますね。

朴　――ちなみに結婚する前に新井さんは、自分が在日であるとか、自分のルーツや出自について真理子さんに話されることはあったのですか。

新井　――二人で毎日過ごすようになりましてね、話してくれましたよ。

朴　――どういう風に言われたんですか。自分は実は普通の日本人ではないと――。

新井　――そういう言い方ではなく、お爺ちゃん、お婆ちゃんの時代にあちら（朝鮮半島）から来て、両親も自分も日本に帰化をしている。大阪の生まれ育ちだけどバックグラウンドはそういうものなんだよと。

朴　――そう言われて、真理子さんはなんて応えたんですか。

新井　――あ、そう、と。

朴　――あ、そう――。私はどこかの週刊誌に真理子さんが小さい時に、おばあさんから「将来は外国の方と結婚するんだよ」と言われたと書いてあるのを読んだことがありますが。

新井　――そうですね。祖母は私が生まれた時に、易学を見てくれる人のところで見てもらったそうです。「この子には将来、ハーフの子供たちが生まれる。国際的な結婚をするだろう」と言われたそうです。

朴　――真理子さんの本の中に、「私は新井将敬という名前の宗教の殉教者になってもいいつもりで、全身全霊をかけて彼に尽くし、彼を愛した」と書いてありますね。「新井将敬という名の宗教の殉教者」――これも印象的な言葉ですね。

新井　――結果として、やはり「殉教」という言葉がすぐに浮かび上がるような人生を送った人ですので、一番そばにいた人間としては、喜んで、一緒に死ねる――実際にではなく、それくらいの強い結びつきで一緒に生きていきたいと感じました。

朴　――真理子さんは「この短い一生の中で、本当にこんな人と巡り合えてラッキーだった」というようなことを書いておられますよね。こんなに素直に書けるということがすごいと思うのですが、おそらく新井さんも同じような気持ちであったのではないかと思います。

新井　――私の子どもたちが「恋人ができた」とか、「別れた」という話の時に、よく冗談で「お母さんはお父さんしか知らないから」って言うんですね。私があまりにも経験が少ないものですから、子どもたちにも的確なアドバイスができないんですね。男女関係の機微のようなものに、あまり長《た》けていない所はあるかもしれません。

朴　――それから新井さんと生活されるようになったのですが、当時新井さんは東京大学の学生だったんですよね。もともと理科系でしたが、途中で経済学部に転部されたんですね。

新井　――はい。理科一類ですね。将来は物理や数学の方向に行くはずだったのですが、二年か三年の時に、経済学部へ転部の希望を出して、試験を受けました。

朴　――実は新井将敬さんが残した様々な文章や映像を、東京大学が整理し、保管しています。私も見に行こうと思っていたのですが、予約でいっぱいで、なかなか入れません。

新井将敬さんが亡くなられた直後に、関西テレビでドキュメンタリーが放送されました。私も新井さんが亡くなった後、彼の人生を検証したいということで、新井さんの中学、高校時代の友人に会う機会がありました。その中で、非常に強烈なエピソードがありました。後から調べますと、新井さんは高校卒業時に、帰化、日本国籍取得が認められた。それまで彼は韓国籍ですが、「新井」という名前で小学校、中学校、高校と大阪にある日本の公立学校に行かれていました。当時新井さんは、在日として生まれながら、多くの在日と同じように、名前の問題で迷っていたという話を聞いております。当然日本国籍を取った後は、ずっと「新井将敬」という名前でしたが、高校時代までの名前は「新井隆」だったということが調べてわかりました。しかし、彼が（大阪の進学校である）北野高校に合格した時に、掲示板に名前がなかったということで、ちょっとした騒ぎになったそうです。実は当時、在日が「通称名（日本名）」を使っていても、合格発表の時は「本名」で掲示板に表示されるんですね。その時、新井将敬さんは、高校進学を機に「朴」という名前で学校に行きたいと両親に相談したそうですが、お母さんがずいぶん強く反対されたと聞きました。それは本当なのでしょうか。

新井　――はい、そう聞いております。

朴　――実はその映像の中にもお母さんの証言が出てきますし、高校の時の担任の先生の証言も出てくるのですが、おそらくお母さんは、在日という境遇のままでは出世できない、あるいは、かなりハンディがある、と考えておられたのでしょうね。

新井　――やはり息子を思う気持ちしかなかったと思いますけれども。

朴　――新井さんが高校の時に「本名にしようか」と言ったのを、お母さんが強く反対されました。韓国籍で、本名なんかで行ったら、息子が出世できなくなることを案じた、というようなことが真理子さんの本の中にも書かれています。

新井さんの過去の映像の中にも帰化手続きをしたのが高校生の時だったと出てきますが、国会で新井将敬さんが弁明する機会が与えられた時に「一六歳まで韓国人だったんです」と話されています。後からいろいろ調べてみますと、高校卒業の時まで、なかなか帰化の許可が下りなかったそうです。当時は今に比べると、帰化――日本国籍取得が困難な時代だった。かなりたくさん書類を出して、いろんなことを調べられて、その結果、ようやく帰化が認められたらしいのですが、それは在日の人たちの人生の選択に、すごく大きな影響を与えたのではないかと思います。

実は新井将敬さんは、北野高校を卒業する時に、京都大学の医学部を受けられているんですね。あの時代の在日の優秀な人はだいたい医学部に進学しました。なぜかと言うと、在日コリアンにとって医者以外に生活していく、出世していく道が限られていたからです。だから「男は医者」「女は薬剤師」というような時代がありました。新井将敬さんの時代は、まさにそういう時代だったと思います。

ところが、京大医学部に彼は落ちたんですね。それで担任の先生に喰ってかかる、というシーンもあって、その映像もここに残っています。

実は、高校の先生もその時は知らなかったと思いますが、当時国公立大学の医学部には、「外国人枠五％」という規定があり、京都大学医学部定員八〇名の内、外国人が入れる枠は四人しかなかった。新井さんがもし八〇名の中で、一五番くらいで合格圏内に入っていても、上に四人外国人が合格していたら通らなかったという実情を、おそらく高校の先生も知らなかったでしょうし、お母さんも知らなかったでしょうし、本人も知らなかったと思います。

結局それが幸いだったのか、どうだったのかはわかりませんが、高校を卒業してから浪人し、東京大学の理科一類と、慶應大学の医学部を受験して、両方とも合格されます。

その時ご両親は医学部を薦められたそうですが、本人はどうしても物理学者になりたいと、東大に進学することになった。ところが東大に入っても、学園紛争で物理の研究もぜんぜんできなくて、途中で経済学部に転部したけれど、ここでもなかなか勉強できない。そんな時に真理子さんと出会った。ある意味でいろんな偶然が重なって、お二人は出会うことになったのです。ですが、言い方は悪いですが、新井将敬さんは学生で、真理子さんは日本航空の花形スチュワーデス。この本にも出てきますが、普通の方の大卒初任給が二万五〇〇〇円だった時代に、真理子さんは一〇万円近くお給料があったそうですね。

新井　——その通りでしたね。

朴　——新井さんが「ヒモ」みたいな生活をしていたという場面があるのですが、給料が入ってすし屋に行くと「ひも」というのがメニューに書いてあったので、真理子さんがわからずに「ひもってなんですか？」と聞いたら、店の主人が「あなたの横に座っていますよ」と言ったので、新井将敬さんが睨みつけたというエピソードが載っていますが、それは本当の話ですか？

新井　——いや、それで主人が笑ったんです。少しも悪びれることなく、笑っていたんです。

朴　——そうですか。それはすごくおもしろい話ですね。

その後、新井さんは新日本製鉄に就職されるのですが、まだお二人は結婚されていませんでした。

新井さんは姫路の方に赴任が決まりますが、真理子さんは日本航空にそのまま勤められていましたので、姫路と東京、二人は離ればなれになるんですね。

新井　――三年間姫路での実習が決まっておりましたので、そこで、一つの決断が必要だったわけです。私も社会人になって一年経っていましたが、まだまだ幼い自分が社会でやっていけるものではないということが、よくわかったものですから。このままこの人について行っていいものか――お互いの中でいろんな辛い決断をしなくてはならない時でした。それで、桜の咲く時期に、一度別れたんです。新井の姫路行きをきっかけに、「それぞれもう一度自分の生活をやってみよう、それぞれの道を行こう」と。ですから、桜の花を見ると、非常に辛かったことを思い出すんです。

朴　――しかし、真理子さんはどうしても彼に会いたくて、新幹線に飛び乗って姫路まで行かれたわけですね。

新井　――そうですね――。

朴　――そこで、どうしても確認しておきたい部分があります。真理子さんはこの本の中で、「とにかくお互いこれからのことをもう一度考えよう、と言って別れた彼から手紙が来たのは、一週間後だった。『君の元へ戻る』と書かれた手紙の最後に、赤茶けた色で彼の名前が書かれていた。いわゆる血判状だった」と書かれています。

新井将敬さんが「君の元へ戻る」と血染めの血判を押した手紙を書かれて、その後真理子さんが「待ちます。いつまでも」と返事を書いて、用意しておいた刀で右手の小指の先を切り、その血で「真理子」と書いた、と。

これは本当の話ですか。すごい話だと思うんですけど。

新井　――でも、血判状が来たんですから、こちらがペン書きで戻すわけにはいきませんでしょ？ですから私もしっかりと。

朴　――しかし、すごいですよね。ちょっと想像を絶する世界です。この場面は映画になると思いますね。

新井　――ですから、離ればなれで暮らすということが、彼にとってどれほど痛いことなのかが、よくわかったんですね。

五月の連休には、お互いに耐えきれずに会いました。こういう生活を三年も続けられない――そう、思いました。それから私は会社を辞め、大学進学に切り替えましたので、とにかく、やっと人生の進路を、もう一度しっかりとお互いが考える時間をもらった時期だったと思います。

朴　――それでお二人はまた一緒に生活をするようになったのですが、すぐに結婚されたわけではないんですよね。

新井さんが新日本製鉄に入った次の年に、再度国家公務員一種を受けられて、大蔵省に入省されたわけですが……。

新井　――その年の夏です。

朴　――大蔵省に入る前ですか？

新井　――新日鉄に四月に入社して、その年の七月に公務員試験を受けました。それまで三交代の番をしながら、受験勉強をしなおして、一一月ごろに結果が出たと思います。その年に、新日鉄には辞表を提出しました。

朴　――しかし、これも大きな決断ですね。新井さんは大学を一年浪人していますし、理科一類から経済学部への転部でさらに一年、新日鉄に入りさらに一年、ということは、普通の人より三年くらい遅れて国家公務員試験を受験して、しかも確実に通るかどうかはわかりませんからね。かなりの自信家ですよね。

新井　――東京に戻る術を考えたんですね。二年も三年も遅れていますので、民間企業は新卒ではないので無理だろう――でも、国家公務員試験なら受け入れてくれるのではないか、ということで、チャレンジしました。

朴　――それで大蔵省に入られるわけですね。たまたま調べてみますと、当時は学園紛争で、東京大学の卒業生がいなかった年で、それも影響したのかもしれませんが、新井さんは見事に大蔵省に入られて、いわゆる官僚としての生活が始まります。ですが、真理子さんの手記を読むと「想像以上に大蔵省のお給料は安かった」そうですね。官舎もひどかったと書いてありますが――。

新井　――そうなんです。

朴　――風呂場がめちゃくちゃだったらしいですね。

新井　――公務員住宅は確かに家賃は安いのですが、お給料も安いし、家賃補償みたいなものですね。ただ入ってびっくりしました。二〇年に一度しか大きな修理をしないので、お風呂が木製で、ぬるぬるっとしていて――。私はアパート暮らしも初めてでしたし、地方都市の、いいところのお嬢さんでしたから、そういう生活をしたことがなかったんですね。台所の流しの下の扉が

朴　壊れて、蝶つがいがはずれている。トイレの床も板の間で、何年使ったのかわからないような状態でした。入った時には正直、唖然としました。でも、そういうことはあまり大きな問題ではありませんでした。主人と一緒に暮らせる、ということですから。

新井　――真理子さんが二〇歳で、新井さんが二五歳のときに、帝国ホテルで結婚式を挙げられるわけですが、その時はすでにお腹に長男がいらっしゃったのですか。

朴　――長男は八カ月でお披露目をしました。

新井　――赤ちゃんの状態で結婚式を。

朴　――はい。

新井　――それについては大蔵省内で、どういう風に言われていたのでしょうか。

朴　――それまでは結婚していることを伏せておりましたので。

新井　――結婚していることは秘密だったんですか。それはどういう理由から。

朴　――まぁ、言わなくてもいいようなことでしたので、言わなかったと思うのですが――いよいよ、二人目を妊娠したので、公務員住宅も使わせてもらいたかったし、何かと不便なので、公表して、皆様にお披露目をしようということになったんです。

新井　――大蔵省の生活は何年ほど続いたのでしょうか。

朴　――一〇年です。

新井　――皆さんに配られている新井将敬さんの年譜にもありますが、渡辺美智雄先生にすごくかわいがられたそうですね。結局政界入りを渡辺美智雄さんに口説かれたということですが、そのでしょうか。

新井　時、すぐに奥さんに相談がありましたか？　それとも、ご本人が政界入りを考えておられたの

朴　――学生時代、私に初めて自分の出自を話してくれたときに、「僕は韓国に戻って、韓国のために仕事したいという気持ちもあるんだ。例えば、政治家になるとか――」という話はしていました。日本の政治家になるという話は、全く聞いたことがありませんでしたけど。

新井　――そうするとご本人は、もともと政治については関心、興味があって、たまたまそこで渡辺美智雄さんに能力を認められ、「役人をやっているより、議員になって、自分のやりたいことを実現してみてはどうか」とお誘いがあったということですね。

――私には測り知れないほど、非常に能力に長けている人ですので、何をやってもそこそこできる人でしたが、そういう人はそういう人なりの、非常に苦しいジレンマがあったようです。つまり、どこで自分自身を表現していくかという、最終的な落とし所がわからない。例えば経営者であるとか、能力的にはいろんな道があるわけですよね。官僚にはなってみたけれど、やはり違う――ここでは自分をすべて表現できない。結局その上に誰がいるかというと、政治家なわけです。良きにしろ悪しきにしろ、官僚は、官僚の立場ですべてを表現できない。そこで両方の体験をしてみれば、もっと違う展開ができるのではないか、と考えたと思います。でも、政治家になりたかった、ということではなくて、自分を表現したい――もっと、もっと自分を生かしたいという、狂おしいばかりの思いで、生き急いでいたところがあると思うんです。時間がもったいない、という感じで。

朴　――新井将敬さんが「生き急いでいる」というイメージは、私もいつも感じていました。官僚の生活に限界を感じて、政界という新しいチャレンジをされるわけですけれども、やはりその時に、新井将敬さんは、世の中に自分が在日だということをカミングアウトしていませんでしたし、「選挙になったら何でも出る」という状況も、うすうす感じてはおられたと思いますが、出馬するにあたり、そういう悩みはなかったのでしょうか。

新井　――それは本人の中で、大きく悩んだ結果ですね。自分の中で結論を出してから、私に話をしてくれたんだと思います。

朴　――新井さんが選挙区にしたのは、大田・品川の東京二区でした。今は選挙の方法が変わりましたが、この東京二区の定数は五議席で、かなり有力な候補が並んでいました。当時、私は新井さんを応援しながらも「なぜ、東京二区なのか」と疑問に感じていました。なぜ東京二区を選ばれたのでしょうか。

新井　――選挙に出ると言っても、いろんな画策をするような手立てがなかったものですから、理想で動いていたところがあります。私も、私の実家のあるところで出ると言われても、幼なじみに頭を下げて歩くのはとても嫌だな、と思いましたし、主人もたぶんそうだったと思うんです。大阪で出る、というのは難しかったと思うんです。だって、ずっとつっぱって生きてきたわけですから――。そこに戻って、一人ひとり幼なじみに頭を下げて、歩けないですよね。ですから、新天地――つまり、日本中どこでもよかったということなんです。

朴　――たまたま東京だったと。

新井　――何かの関わりがあったところがいいですよね。そう考えると、私たちがたまたま生活を始めたところが大田区だったわけです。しかも、羽田空港にも近い。羽田空港といえば、いろんな思い出がある場所です。そういうところから詰めていくと、たまたま大田区になったんです。それ以外の検討要件はありませんでした。

朴　――資金の問題や生活の問題など、いろいろあったと思いますが、出馬を決めてから半年後、新井将敬さんのポスターに「一九六六年に北朝鮮から帰化」という黒いシールが貼られるというショッキングな事件が起こります。私も、在日の一人として非常にショックでした。ご本人がそれについて記者会見もされましたが、この事件を、新井さんはどのように受け止めておられたのでしょうか。

新井　――可能性の一つとして、すでに想定はしていたと思います。具体的にどういう形かというのは別として。ですから、非常に落ち着いてはおりました。来るべきものが来たかな、という感じですね。

朴　――真理子さんの本によると、「返ってこれで開き直って戦うことができた」と書いてありますが、新井さんもそういう気持ちだったのでしょうか。

新井　――私が慮《おもんぱか》れない部分があると思うんです。立場が違いますし。「君にはわからないだろう」と言われると、わからないんですけれども、在日であるということ、それから自分の中で「帰化をしてしまったんだから、もう日本人だ」という非常に強い意識があったんですね。ダブルスタンダードでは生きていけないから、帰化を選んだわけですから。

たわけです。そういう自分を衆議院議員として受け止めてくれるだろうという期待はあったと思うんですね。日本人として扱ってくれるだろう、と――。ただ、もちろん「出自」というものを掘り起こされる可能性は十分考えていたとは思います。

朴　――このシール事件が起こったときに、新井将敬さんは記者会見で次のように語りました。「出生の条件を自分で選ぶことはできません。生命は父母からの授かりものだからです。父や母が背負ってきた歴史から、逃げることはできません。そんなことをコソコソとほじくりだしてきて、石を投げつけるようなことをする選挙ゴロや、一部の政治ゴロに負けたくない。それをはっきりさせた上で、普通の人たちの判断に委ねたい」

新井　――「どうしてそれを隠していたのか」と言われましたが、新井の中ではそれはあまり大きな要件ではなかったんです。手続きをして日本人として登録したので、そのことがそんなに大きな判断要件にならないと思っていたんですね。「人間を見てほしい」というところがあったと思うんです。「日本人だから、衆議院議員選挙に出られる――だったら自分はチャレンジしたい」と。それだけですよね。

朴　――真理子さんも「ああいった事件のおかげで、夫の出自が明らかにされるとともに、かえって堂々と勝負させてもらったのだから、結果的には良かった」とはっきり書かれていますね。
一回目の選挙では四万票を集めたものの、惜しくも落選されますが、私は善戦されたと思いました。ご承知のようにその後、堂々と自分の過去も洗いざらいにされた上で、ものすごくたくさんの後援会も作られました。私も当時、東京の大学で教えておりまして、たまたま大学が大崎にあったので、新井将敬さんの街頭演説を何度も目にしました。黒山のような人だかりが新井さんを取り巻き、演説を聞いて涙する人さえいました。

私は、新井さんは当時から、選挙の前になっても有権者に対して、実現できないような甘い公約を掲げたりしなかったと思うんですね。当時新井さんが書かれたものの中に「早晩、日本の国家財政は破たんを招くだろう。年金、医療、社会保障、教育、雇用、あらゆる面でゆがみが生じ、貧富の差がどんどん開いて失業者が増える。国民の生活はますます厳しさを強いられるに違いない」というものがあります。これは新井さんが亡くなる一〇年くらい前から言っていたことですが、まさに二〇年も前から、今の日本を予測しているような発言ですね。本当に日本のことを、何よりも心配していた政治家でした。

政治家になられてから、韓国の大統領に招待されますが、その時は真理子さんは一緒に行ってはおられないんですか？

新井　──行っておりません。

朴　──韓国の印象はどうだったと言っておられましたか？

新井　──全く、別の世界でしたが、大統領にもお目にかかって、非常に感激して帰ってまいりました。青瓦台にも行き、大歓迎を受けて帰ってきたと。大統領にも個人的におみやげをいただきましてね──。

朴　──どんなおみやげだったんですか。

新井――印鑑のセットでした。「新井将敬」と書いた――、韓国名だったのかな。

朴――朴景在（パク・キョンジェ）という印鑑だったんですか？　そうだったとすれば、すごいですね。

新井――読めないんですよ。

大変賑やかな歓迎だったと聞いているのですが、日本ではもちろん一切報じられていませんし、新井から聞いた話だけなんですけど。

朴――当選されたときに、韓国の新聞でも大きく報道されました。日本でも朝日新聞に「日韓の象徴として、初めて韓国系の代議士が誕生した」と、好意的に受け止める報道がありました。でも、韓国の全斗煥《チョンドゥファン》大統領と会談したときに「自分は日韓の架け橋ではなくて、日本の国のために頑張ります」と言ったというエピソードがありますね。

新井――そうですね。帰化をするというのは、そういうことだと思うんです。両方に足をかけているわけではなく、どちらのスタンスか、どちらに命をかけるか――新井は「日本のために命をかけるのが国会議員である」という強い認識がありましたので、そうお話をしてきた、と言っていました。

朴――「黒いシール事件」で、シールを貼った犯人は、石原慎太郎さんの公設第一秘書だったと聞いています。石原慎太郎さん自身も当時国会議員として、いろいろな場で新井将敬さんについて書かれた文章があるのですが、「違うルーツを持つ人が日本の政治家になったら問題が多い」と、チクリチクリと、新井さんの立場を攻撃する発言をしています。同僚からもこのようなバッシングがあったのでしょうか。

新井　――シールを貼られたのは、東京第二区（大田区・品川区）から選挙に出ると決めた段階でした。まだ大蔵省で役人を務めただけの人間で、選挙に通るかどうかもわからない。そんな若造をつかまえて、「総理大臣になったらどちらの立場に立つんだ」と攻撃するわけです。私たちとしては「なかなか良いほめ言葉だね」と聞いていたのですが、「シール事件」ということにまでなると、石原さんの方が、そこまで追い込まれていたのかな、という感想をもちました。

朴　――違う出自をもつ人が日本の国会に出て働く、というのはおそらく新井将敬さんが初めてのケースで、本当に想像もつかないような摩擦がたくさんあったでしょうし、大変だったと思います。でも、新井さんの人間性に惹かれていた支持者もたくさんいたと思います。新井将敬さんは一〇万票を集めて初当選されますが、これはかなりの高得票で、それをある政治学者が分析したところ、自民党だけではなく、無党派層の支持が多かったと聞いています。いろいろな形の後援会組織ができて、ボランティアでたくさんの人が手伝っておられましたね。そういう意味で私は、もっとも有権者に愛された政治家の一人ではなかったか、という印象をもっています。

新井　――新井は、とてもユニークな選挙活動の仕組みを作りました。オリジナルなものですね。誰かに教わるというのではなく「新しいことをやるんだから、新しいやり方でやってみよう」と。それは、ピラミッドのように段階的な組織を作るのではなく、新井将敬本人と同レベルで、皆さんに後援会長になってもらうというものです。五人でも、三人でも、とにかく後援会長になっていただくと。

朴　――つまり、一つのまとまった組織を作るのではなく、縦・横のいろんな組織を作り、いろんな人に後援会長になってもらうということですか。

新井　――とにかく新井と直結していただくんですね。皆さんに後援会長をやっていただくという書面をお配りして、後援会長と名のつく人には、全員に同じ連絡事項をお渡ししていました。上から下へ、という形ではなく、皆さんに責任をもって活動していただくというスタイルでした。

朴　――かなり数多くのミニ集会などをされていましたね。一日に二〇件くらい回られたと聞いていますが。

新井　――そうですね。可能な限り。

朴　――奥さんもそこについて行って、お酌をしたりされたんですか。

新井　――いえいえ、一緒に行くのは非常に非効率的ですよね。

朴　――バラバラに行かれたんですね。

新井　――そうです。当選する前からです。行きやすいところに私を行かせて、とても入れてもくれなさそうなところには、本人が行きました。

朴　――「新年会は一晩四〇件」とありますが、いったい一カ所にどれくらいの時間いられるんでしょうね。

新井　――お正月は新年会を昼からやっているところがあるんです。新井将敬事務所の秘書さんたちは非常に訓練された部隊のようなものでした。前日に車をどう動かすかなどのシュミレーションをして、たくさんの秘書さんを手配して、本人が行くルートに全部待ち構えているわけです。そして五分、一〇分で皆さんとの効果的な接触ができるようにして、どんどん移動するわけです。

その日の夜はミーティングをするのですが、主人からがっつりダメだしがあるわけですね。主人は動いているだけのようですが、すべて見回せていました。そして、「ここはやれていなかっただろう」とか「写真が撮れていなかった」と、その日の内に指摘する。それが全部終わってから、次の日のシュミレーションを始めました。秘書さんたちは本当に夜中じゅう働かされていました。

やはりドロップアウトする人もたくさんいましたが、非常に機能的で、効果的な、素晴らしい部隊になったわけです。新井将敬事務所の秘書さんたちは、その後、どこに行っても大変重宝がられました。

朴　――秘書の方の中には、参議院選挙に「みんなの党」から出馬され、当選された方もいらっしゃるようですね。

新井　――そうですね。

朴　――ここから新井将敬さんの人間的な側面もお聞きしたいと思います。

それだけお忙しいと、お子さんたちと接触する機会も少なくなるんじゃないですか。

新井　――基本的に週末は家族のために時間を使う――もちろん、日曜日に結婚式などが入りますが、それもパッパと終わらせて、できるだけ家族のために時間に使いました。それから夜帰って来たら、一〇分でも、一五分でも子どもたちと遊ぶ。そういうメリハリのついた時間の使い方をしていたと思います。

朴　——この本を読んでいて、非常にビックリしたことがありまして——。本当はこれを聞こうか聞くまいか、迷ったんですけど、せっかくなので聞きたいと思います。

「華やかな女性関係」という章がありまして（笑）。やはり、私から見てももてる男性というか、魅力のある人だと思いますが、ご夫人が書かれる手記に、こういうことはなかなか書かないじゃないですか。どう書いてあるかというと、

「たった一度だけ夫が真面目な顔で相談してきた。聞くと、付き合っていた女性が突然『別れる』と言いだした」と。そんなことを奥さんに相談するか、という話ですが、「夫は、大人の付き合いと割り切っていて、やがて円満に解消して結婚させてあげようと考えていたようだが、それがうまくいかなくて苦しんでいた」。

本当にそういう相談をされたんですか？

新井　——その通りです。

朴　——普通の奥さんだったらキレますよね（笑）。

新井　——大蔵省時代が一〇年間ありまして、当時はそういう形跡が見られると、私も大変悩みました。ただ、なぜ私がこの人を選んだのか、と考えたときに、そんなちっぽけなものじゃないんじゃないか、と思ったんですね。この男性そのものがダイヤモンドの原石のようなもので、それを私が拾ったわけです。なので、ちょっと磨き方が足りなくてまだ輝きがない部分も、いろんなものをひっくるめて私が大事にしているものだから、小さなことをあげつらうことはない。

私はこの人、そのものを愛しているのだ――ということが、大蔵省時代の一〇年間でだんだん定着してきたわけです。

もちろん初めからそうではないですよ。でも、やっぱりどうしようもないですよね。たまたま私があの時点で出会えたから結婚できたけれども、一年後だったら、私の方が逆の立場になっているわけです。絶対私は彼にアタックしたと思うんですね。結婚していても。

朴 ――結婚していてもアタックした！　素晴らしい！

新井 ――そうすると今度は私の方が日陰の存在になるわけです。そちらは子ども連れで夫婦で出掛けて、日向を歩いている。でも立場が変わると、表で手もつなげないような立場になるわけですよね。それはたまたま時間のズレがあったから、そういう立場になるというだけで、選べないわけですよね。だから、どちらの気持ちもよくわかるんです。

そうなったら、きっと私もすごく辛いと思うんですね。家族と一緒にいる相手を見るだけでも辛いだろうし、自分のそばにずっと置いておけないということも辛いだろうし、女性だったら皆さん、わかると思うんですけど――立場の差というのは、どうにもならないですよね。

朴 ――いや、私はどういう風に切り返したらいいのか、わからないんですけれど（笑）。文章の中にこういうところがありました。

「だんだん彼が年の離れた女性と付き合うようになると、それまでとは勝手が違ってくる。親子ほども年が違う相手に振り回されてオロオロしている夫を見て、これも彼の人格の一部なのだ、と私にはそれが愛しく思えてきた」

これはなかなかの境地ですよね（笑）。このような境地に立てる人は、なかなかいないと思います。男性にとっては奥さんの鏡と言いますか――。

新井　――つまり、若いときに、同じような年代の女性と付き合っていると、いい加減相手が「結婚しなくっちゃ」と見限って、向こうから離れて行ってくれたりするのですが、二〇歳代の女の子というのは、子どもなわけです。そうすると、「どうしてくれるの?」みたいな話になって、あちらがイライラしてくるのでしょうね。「こんなに不公平はことはない」と。政治の世界で、あれだけの大舞台でやりあっている主人が、とてもオロオロしてしまうんですね。どうしていいか、わからないみたいな。

朴　――何か、新井将敬さんの人間臭さを見た、という気がしますね（笑）。

最後にどうしても聞いておかなければならないことですが、一九九七年に新井将敬さんは「証券取引疑惑事件」に巻き込まれていきます。あの事件はいったい何だったのか。私も自分なりにいろいろと調べてみたのですが、ますます「なぜ、新井さんだけなのか」という疑問を持つところがあります。ただ、事件の鍵を握るN証券のH常務という方が、大手の雑誌や週刊誌などに手記を発表され、真相を語っています。おそらくH常務は新井さんのことをすごく愛しておられた、というか新井さんのファンだったと思います。政治家にはいろいろな集金術があります。パーティーを開いて二～三万円のパーティー券を買わせてお金を集めている人――実際に民主党の小沢一郎さんがそのような問題で取りざたされていますが――逆に、新井将敬さんは、そのようなやり方を好まなかった。支援したいというH常務に声を掛けられて、始まったのが「借名口座」だった。

おそらくH常務が、新井さんのためにいろいろと尽力したことが、かえってあだになってしまった、という面もあると思います。でも、同じようなことをやっている政治家は、私の知る限りでもかなりたくさんいたと思うんですね。なぜ新井さんだけがターゲットになったのか――。

新井 検察のやり方も、かなり強引だったと思います。奥さんから見て、当時はどんな様子でしたか。

朴 ――そうですね――。

新井 ――新井さんは非常に正直に、借名口座の存在を認めてしまったじゃないですか。もしかしたら、否定することもできたのではないでしょうか。

朴 新井将敬さんは馬鹿正直と言いますか、「自分は悪いことをしていないのだから」と、堂々と記者会見をして、借名口座の存在を認めた。それから、一気にターゲットになってしまった気がするんです。本人は「悪いことをした」という意識がなかったのでしょうね。

新井 ――借名口座については、確かにその二~三年前から「そういうことはやめましょう」というルール改正がありましたので、依然としてその口座を使っていたということに、私は愕然としました。でも、すぐに切り替えはできませんでした。でも、皆さん当然のように使っておられたし、その時点でも――公表はされませんでしたが――たくさんの政治家が、借名口座で運用していたのは事実です。ただ、ターゲットは必要だったのでしょうね。

朴 ――そのターゲットにされてしまった、ということですよね。その時、自民党が新井さんに対してかなり冷たかったという印象があります。それは党として仕方がなかったのかもしれませんが。

まず、離党を求められた。それ以前に、おそらくいろいろな経緯があって、何人かの政治家とともに自民党を一時出られて、新進党や自由党などの党を渡り歩き、その後、自民党に復党されるのですが、その時から新井さんの「居場所」がなくなったような感じがします。そのころ、やはり政治家として行き詰まっておられたのでしょうか。

新井　――だんだん言葉が出にくくなってきた時期ではありますね。「政治」という形で、仕事ができる環境がなくなってきた。

新井は、仕事がしたかったんですね。やりたいことがいっぱいあった。プランもあった。でも、将来が見えているから、辛いんですね。このまま毎日日を送っていくと、将来こういうことになるということが見えているので、非常に辛いのだろうな、という感じは受けました。ただ、同時に選挙戦を戦っていかなければならないわけです。そうすると、政策論争だけでは生きていけないわけですね。渡辺美智雄先生をかついで、刺激的に「渡辺先生を離党させる」という筋書きはできていたのに、渡辺先生が前日にその決意を翻したものですから、若い者だけが先に離党してしまい、結局は梯子がはずされてしまった形になりました。「日本の将来のために何ができるのか」という非常に熱い気持ちでみんなが動いていたことは確かだと思うのですが、結局、それればかりで、仕事ができないという苦しみはあったと思います。

朴　――新井将敬さんが自決された後、韓国のマスコミでも「自決した背景に新井さんのルーツが関係した」というようなことが取り上げられました。奥さんの本の中にも、新井将敬さんの言葉として「もしも何か失敗をしでかした時、俺は日本人じゃないとみなされているから、注意しなくちゃいけない」というのがありましたが、そういうことは絶えず、感じておられたのでしょうか。

新井 ――そうですね。家を出るときには「俺が必ず帰ってくるとは思わないでくれ」と若いころから言っていましたし――。新井は歴史にとても詳しい人間でしたから、人間というものはこういうことまで成しうるということを、深く深く了解していた人なので、自分もその立場に置かれてしまったら、もう抜け出すことはできないだろう――同じようなことが歴史上で何度も何度も繰り返されて来たということを、ひしひしと感じながら、毎日、刻々と生きていたのだろうと思うんですね。ですから、あり得ることが、起きてしまった、と――。

朴 ――新井将敬さんが最後に決断されたことは、いろいろな解釈が成立するかと思います。例えば、検察に対する一つの抗議というのもあるでしょうし、自民党に対する何かのメッセージというのもあったでしょう。そして、やはり政治家生命を断たれることに対する辛さもあったのでしょう。でも、奥様としては、何が一番の原因だったと思われますか。

新井 ――私たち家族のためだと思います。やはり「日本人として」ということに、最後までこだわっていましたから――「みっともない生き方はしない」ということを、ずっと考えていた人間ですから。

誰かへのうらみや、あてつけなどで、人は死なないと思うんですね。それは崇高な判断であったと思います。彼でなかったら、ああいう重大な決意はできなかったと思います。そして、

朴　それは何だったのかと問われれば「私たちに対する愛」としか、言えないと思うんですね。——本に書かれている以外のところでわからなかったことが、少しずつわかってきて、今日は本当に良かったと、心から思っております。

新井　——先ほどの「私たち」というのは、単に「家族」のみならず、今生きている人たち、全員だと思うんです。「私が、昔の、いままでのやり方を、全部引き受けて逝くから、新しい生き方をして下さい」という大きなメッセージでもあったと思うんですね。

朴　——新井将敬さんの幕引きの在り方については、揶揄したり、批判する人はいますけれども、私はある意味で、彼なりの生き方の美学だったのではなかったかと思っています。でも、できれば、もう少し頑張って生きていて欲しかった。私は新井将敬さんが最初に当選された時に、あれだけの能力のある人ですから、大蔵省でもどこでもいいので、末は日本の大臣になって、日本の再建を果たしてくれるのではないか——現在の日本が、これだけの経済危機を迎えた中で必要なのは、あれだけの能力のある人だったと思っています。

自民党の不透明な政治の象徴的な事件があの事件だったような気がします。やはり、「トカゲのしっぽ切り」のようなものではなく、きっちりとした清算をして、自民党の政治にケリをつけなければ、日本の政治はなかなか難しいだろう、と思いましたが、やはりその後自民党が現在の状況になってきたのは、そこらへんに原因があったのではないか、という気がします。

私は今回お話をうかがって、政治家としての新井将敬さんもそうですが、人間としての新井将敬さんにすごく魅力を感じましたし、ぜひお会いして、直接話を伺いたかった、という気がします。

新井　――素晴らしい人でしたね。

朴　――私は在日のヒーローの本を書きましたが（『僕たちのヒーローはみんな在日だった』講談社、二〇一一年）、まさに私にとってのヒーローの一人が、新井将敬さんでした。

新井　――大好きな日本がどうなっていくのかが見えている哀しさ、辛さというものがあったと思います。あの当時は、今までのしきたりとか、変えられないという呪縛のようなものが、いっぱい澱《おり》になって浮かび上がってきた時代でした。だから社会的な混乱が生じてきた。ですから、自分が少しは役に立つ者でありたい、どうか自分のこの決断によって、皆さんに何かメッセージを伝えられれば――という、とても重たい思いがあったのだと思うんですね。

ところがどうでしょう。一五年経っても、まだ似たようなことが起こっていますよね。オリンパスもしかり、政界もしかりです。あのころ何か気がつかなければならないことがあったんじゃないの？　と私は思うんです。ところが社会の構造というのは、全く膿が出切ってないし、気づいていない――「何だったのかな？」と、少し情けなく思うことも時々あります。もちろん私は将来に対して希望はもっています。必ず主人のメッセージは、誰かの胸に届いていると思っています。

（出所：二〇一一年一一月一二日、在日韓人歴史資料館主催「第52回土曜セミナー」講演記録）

II

文化とアイデンティティ

梁石日・文学に見る在日世界

梁石日《ヤンソギル》という人物が世の注目を浴びたのは、いつ頃からだろうか。私の記憶は定かではないが、一九九三年の暮れに公開された崔洋一監督の『月はどっちに出ている』という映画がヒットし、日本の映画賞を総ナメにした頃からではないだろうか。彼は、この時期、『月はどっちに出ている』の原作者として、テレビ、新聞、雑誌など数々のメディアで紹介され、一躍「時の人」になった。

同時にこの映画は、梁石日という人物だけではなく、梁石日の小説を再評価させるきっかけにもなった。この年、『月はどっちに出ている』の原作である『タクシー狂躁曲』が映画公開に合わせ角川書店から文庫本としてリバイバル出版されるとともに、翌九四年に出版した『夜を賭けて』（NHK出版）が直木賞候補に選ばれ、日本の文壇から高い評価を受けることになった。

例えば、作家の小林恭二は、梁石日の『夜を賭けて』について次のような最大級の賛辞を贈っている。

一九九四年暮れに上梓された「夜を賭けて」は、それ自体九〇年代文学における一事件であった。

重いテーマを扱いながら、書きぶりはいたって軽快。読者をぐいぐい引っぱっていく筆力と文体の格調がきわめて高いレベルで併存していた。技法的にも円熟を極め、豊饒でありながら不思議なほどに統一感があった。更には混沌とした事件を対象としていたが、こよなくピュアな読後感を与えていた。まったく矛盾する二つの要素を、軽々と止揚して更に高度なレベルで融合させることができる小説を名作と呼ぶならば、まさしく「夜を賭けて」は九四年度の掉尾を飾る名作であった。

（梁石日『族譜の果て』徳間文庫、一九九六年、解説から）

小林恭二に「九〇年代文学における一事件」とまで言わしめた『夜を賭けて』を発表したとき、梁石日はすでに五八歳。『タクシー狂躁曲』（筑摩書房、一九八一年）で日本の文壇にデビューしてから、すでに一四年の歳月が過ぎていた。こうして振り返ってみると、彼が職業作家として地位を確立した年齢は、けっして若くはない。むしろ遅すぎるぐらいだろう。

だが遅れてきた新人作家は、この作品を発表してから、堰を切ったように次々と話題作を生みだしてきた。『修羅を生きる』（講談社現代新書、一九九五年）、『闇の想像力』（解放出版社、一九九五年）、『雷鳴』（徳間書店、一九九五年）、『Z』（毎日新聞社、一九九六年）など、梁石日は、いままで蓄積してきたものを一挙に吐きだすように、ひたすら書き続けた。

そして九七年、梁石日は自らの創作活動の集大成ともいえる『血と骨』（幻冬舎）を発表する。この作品は、多くの文芸評論家から絶賛され、二度目の直木賞候補に推薦されるとともに、山本周五郎賞を受賞する。また読者からも圧倒的な支持を受け、在日文学として初めてベストセラー小説になった。梁石日は、この作品でとうとう流行作家の地位まで手に入れることになった。

梁石日文学における『族譜の果て』の位置

このような梁石日の作家としての歩みを振り返ると、決して多くはない梁の作品群のなかで、『タクシー狂躁曲』『夜を賭けて』『血と骨』の三作品がホップ、ステップ、ジャンプの役割を果たして、梁石日という作家を日本の文壇のスターダムに押し上げたという気がしてならない。なかでも梁石日のデビュー作品ともいえる『タクシー狂躁曲』は、彼の文学の原点として大きな位置を占めていることは否定できない。

だが梁石日文学の原点を語る上で、忘れてはいけない作品がもう一つある。それは、彼が一九八九年に発表した『族譜の果て』という長編小説である。これまであまり語られることのなかったこの小説は、実は『タクシー狂躁曲』『タクシードライバー日誌』『タクシードライバー・最後の叛逆』など、タクシードライバー・シリーズでヒットを飛ばしてきた梁石日が、タクシードライバー・ストーリー以外のジャンルに初めて挑戦した作品である。

小説家も流行歌手と同じで、「一発屋」という人が少なくない。たまたま書いたものがヒットすると、それと同じようなものをタイトルを変えて出版し続け、やがて飽きられて消えていく人である。

実は『タクシー狂躁曲』でデビューを飾った梁石日が、その後何年間もタクシードライバー・ストーリーにこだわり続けていたとき、私はシリーズ化を祝福しつつも、彼がいつタクシードライバー・ストーリーという殻を破ることができるのか、いささか不安に思ったことがある。というのも『族譜の果て』が完成したのは、梁石日が『タクシー狂躁曲』を刊行してから、すでに七年の歳月が経過していたからである。

難産の果てに生み出された『族譜の果て』は、そうした意味で、梁石日が小説家としての新たな境地を切り開いた作品であり、その後の梁石日文学の方向性を決定づけた作品であるといってもよい。

『族譜の果て』に描かれた六〇年代の在日社会

『族譜の果て』は、梁石日が自らのライフ・ヒストリーを下敷きにした自伝的長編小説であると同時に、大阪の猪飼野という在日コリアン密集地域を舞台にして書かれたエスニック的色彩の強い作品である。ストーリーは、彼が後に出版した自伝『修羅を生きる』の第4章「修羅の日々を生きる」とほぼ同一であることから、この作品が作者の原体験をベースにして書かれていることは明らかである。

この小説の時代背景を本文から正確に読み取ることはできないが、高村薫氏との対談集『快楽と救済』（NHK出版、一九九八年）の巻末に添えられた作者の年譜によると、彼が父親から引き継いだ蒲鉾工場の跡地で印刷事業を始め、事業拡大の途中で不渡り手形を出し、事業に失敗した一九六一年から六五年（作者が二五歳から二九歳）頃の話ではないかと思われる。

この時期は、北朝鮮政府の在日帰国者受け入れ声明を受けて在日コリアンの共和国への帰国運動が展開される一方、韓国では軍事クーデターが起こり、政権を奪取した朴政権によって日韓国交正常化交渉が再開され、日本でも激しい日韓会談反対運動が行われた、まさに激動の時代であった。

小説には、主人公の高泰人と、かつて属していた在日同胞の左翼系組織の同志たちが数年ぶりの再会を遂げたとき、こんな議論をするシーンがある。


「崔さんは共和国に帰るんですか」

「もちろん帰るさ」

「本当ですか」

「本当だ。しかし、おれには任務がある。在日同胞の財産と地位を守るために闘っているのだ。……おれの知っている青年はある一流大学の理工科系をでているが、日本の企業はどこも雇ってくれないので、研究室に六年いたが、とうとうあきらめて親父のやってる焼肉店を手伝ってる。どんなに才能があっても、むざむざと腐っていくわけだ。日本人と同じように税金を払っているのに、国民年金も公団住宅も住宅ローンも、日本国籍でない外国人には資格がない。あらゆるところで差別され、生きる権利を奪われている。……こんなことが許されていいのか」

「そんなことを聞いているのではないんです。崔さんは共和国へ帰国するかどうかを聞いてるんです。……」

「君の話は短絡的にすぎる。問題は共和国へいつ帰るかではなく、祖国統一のために何ができるかだよ。……」

「答えになってないです。かつて帰国が実現したとき、多くの同胞や肉親や友人が帰国しました。……しかし、いまは帰国する気はありません」

「共和国に帰った在日同胞たちが差別され不当な待遇を受けているという噂を耳にしているが、真相はおれにもわからない。……」

「噂は本当です。ぼくの肉親の手紙を読めばわかります。……」

（『族譜の果て』徳間文庫、一一三―一一四ページ）


激動の祖国は在日コリアン社会にも深刻な影響を与えた。朝鮮総連は六〇年代に入って組織運動を通じて、在日コリアンに「祖国における豊かで自由な差別のない生活」を訴え、北への帰国を促した。この運動を通じて朝鮮総連は北朝鮮政府の直轄下に置かれることになり、本国との結びつきは強化されたが、帰国の実現はかえって在日コリアンの日本定住化を促すことになった。帰国者が増加するにつれて、祖国での生活が彼らの理想とはほど遠いものであることが、徐々に帰国者の便りから明らかになっていったからである。


「……われわれの意識はなしくずしに崩壊していくだろう。君のようにな。おれ自身そうかもしれない。そしてそのうち雪崩現象が起こるのはまちがいない。在日同胞の子弟は日本人化していくだろう。日本人に帰化していく在日同胞は年々増加していくだろう」

「崔さんの意見はあまりに悲観的ですよ。大衆がよりよい生活を求めるのは当然ですし、生活が少しでも楽になれば、それはそれでいいんじゃないですか」

「君のようなオポチュニストが事態をますます悪化させるのだ」

「これだから組織家は嫌いなんだ。相手をきめつけて自己合理化しようとする。そのために、どれだけ多くの下部組織が犠牲になったか、……」

「ま、お互い頑張ろう。われわれは同じことを考えているんだから」

「われわれは同じことを考えてなんかいないですよ。みんなばらばらです」

「ぼくは……なにもかもうんざりなんです」

「ぼくは近々、帰化するつもりです」


（同上、一一六－一一九ページ）


だが、日本にとどまった在日コリアンの生活も、一部を除けば決して豊かとは言えなかった。多数の在日コリアンは、日本企業が外国人の雇用に消極的なこともあって、日本の就業構造から排除されてきたし、自営業を営むにも国民金融公庫などの政府系の金融機関のみならず民間の金融機関からも相手にしてもらえなかったからである。日本の金融機関からしめだされた彼らは、やむをえず相互扶助の手段として頼母子講《たのもしこう》を結成し、自分達の商売の設備投資や運転資金を調達していた。

この時期から本国政府の出先機関としての性格を強めていった民族組織は、南北左右に分裂し対立を繰り返すばかりで、日本での生活改善を望む在日コリアンの要求に応えることができなかったのである。

高泰人という生き方

こうした民族組織間のイデオロギー対立と日本の差別構造のなかで、在日コリアンの大多数は依然、日本社会の最下層に位置し、生活苦に喘ぐことになった。多くの在日コリアンたちは、この時期、生活苦から逃れるため幻想の祖国に帰国するか、日本社会における生活上の制約を突破するために日本に帰化するか、それとも韓国・朝鮮籍のままふみとどまって差別と闘っていくかの、岐路に立たされていたといえる。

だが小説の主人公である高泰人は、祖国への帰国も、日本への帰化も、また学生時代のように差別と闘うことも望まなかった。そのいずれの道を選んだとしても、在日コリアンとして彼が背負った矛盾が解消されるとは思えなかったからである。

実は、高泰人には活動家としての辛い過去があった。高校時代、左翼組織のメンバーとして米軍の武器製造を請け負っていたN金属工業所を仲間とともに襲撃した時、爆破事件の犯人として逮捕された忌まわしい過去である。彼は未成年という理由で釈放されたが、一緒に行動した在日コリアンの同志たちは権力の仕組んだデッチあげによって、確信犯に仕立てあげられた。彼は権力の恐ろしさを痛感すると同時に、仲間を見殺しにした組織を恨んだ。

日本社会から迫害され、祖国や組織から見捨てられた高泰人は、あえて金と酒と女が蠢く欲望の世界に身をまかすことで、そうしたしがらみから逃れようとしたのかもしれない。

その後、父親から金を借り、従兄から土地を借り受け、最新の機械を導入して印刷会社を始めた高泰人であったが、まともな仕事をとることもできず借金ばかりが雪だるま式に膨れあがる。連日銀行に回ってくる小切手や手形を決済するために、彼は親族や友人からさらに借金を重ねていく。

その日の資金繰りから解放されると、今度は現実から逃避するため快楽と欲望が渦巻く夜の世界に車を走らせる。だがそうした享楽は一時的な解放感をもたらしはするものの、高泰人の苦渋を根底から救済するものではなかった。

最後の望みを託し、元府議会議長に賄賂を渡して信用組合から融資を受けた二〇〇〇万円も、底なし沼のような借金の前では焼石に水であった。ついに高泰人は最後の砦である自分の会社の手形を不渡りにし、会社は倒産する。

だが高泰人がこのドタバタ劇を通じて倒産以上に悲しかったのは、三顧《さんこ》の礼をもって専務に迎えた後藤敏明の裏切りであった。

戦争中に中国人を虐殺し、戦後大陸から逃れるとき自分を助けてくれた朝鮮人慰安婦を韓国に置き去りにした経験をもつ後藤は、罪意識に苛《さいな》まれつつも、自らの原罪に反旗を翻すかのように、再び自分を最も信頼していた高泰人を平気で欺いた。

高泰人と決裂した後藤は、従業員を前にして次のように言う。

「おまえらにいうけどな、わしら日本人がなんでチョーセン人にこき使われなあかんのや。昔はな、朝鮮半島は日本のもんやったんや。……おまえら知ってるのか。昔はな、日本人がチョーセンが人をこき使ってたんや。チョーセン人は日本人の奴隷やったんや。……」

（『族譜の果て』徳間文庫、二三二ページ）

皮肉なことに、高泰人が仕事の上で最も信頼を寄せていた日本人が、「朝鮮を日本のものである」と信じて疑わない筋金入りのレイシスト（民族差別主義者）であったのだ。このコントラストは、人を欺きながらも人を信じて疑わなかった高泰人の悲劇性を浮き立たせている。また読者は、高泰人と後藤との関係性のなかに、当時の在日コリアンと日本人との不幸な関係を読み取ることができるだろう。

父と子の確執

しかし高泰人を日本人の後藤以上に苦しめたのは、実は同じ民族の血を分けた父、俊平の執念深い報復劇だった。

「勝負しろ！　わしの金を喰いやがって！」

俊平の煮えたぎるような声が響いた。泰人は悪夢を見ているような錯覚にとらわれた。……いま目の前にいる父は夢ではないのだ。少年の頃にいく度も見た悪夢が現実に起こりつつあるのだ。ようやく泰人は父の執念深さに慄然とした。身構える間もあらばこそ、つぎの瞬間、泰人は父の膝で肋骨を蹴り上げられていた。

「うっ！」

と呻き、腹部をおさえて前のめりに倒れた。俊平は倒れた泰人の髪の毛をわし摑みにして、床の間の柱に額をいく度もいく度も打ちつけた。額が割れて血が吹き出し、意識が朦朧とした。泰人は無抵抗だった。このおぞましい骨肉の争いをつづける気はなかった。朦朧とした意識の底から、父の俊平を見上げて、

「満足したか」

とうすら笑いを浮かべた。

「このガキ！　きさまのような奴は殺してもあきたらん奴だ」

俊平は歯ぎしりしながら靴底で泰人の顔を踏みにじった。靴の踵が頬の肉に喰い込み、先日、俊平の頭突きで口腔を切った傷口が破れて血が溢れてきた。

「いつかあんたを殺してやる！」


（『族譜の果て』徳間文庫、二八二−二八三ページ）


父と子の確執を描いたこの壮絶なリンチ・シーンは、先に紹介した梁石日の自伝でも描写されており、決してフィクションではないことがわかる。実際、この小説を読んだ後から彼の自伝を読んだ読者は、この作品のいったいどこまでがフィクションで、どこまでがノンフィクションなのか、戸惑いを覚えるかもしれない。

しかし逆に考えれば、小説のなかでフィクションとして想定されていた父親による息子への過激な

暴力が本当はノンフィクションであったという仕掛けは、作品のリアリティを高めるという意味で、実に巧妙である。梁石日の小説に迫力を感じるのは、こうしたファクション（ファクト＋フィクション）の効果によるところが大きい。

ではこのシーンで、どこまでがファクトで、どこまでがフィクションなのか。実は、梁石日の自伝では、最後の主人公の台詞が「いつかあんたを殺してやる」ではなく、「おふくろも、兄さんも、姉さんも、妹も、みんなあんたが殺したんだ。そして今度はおれを殺したいのか」で結ばれている。

おそらく梁石日がフィクションとして付け加えた「いつかあんたを殺してやる」という言葉のなかに、血肉を分けた父と子の縁という情念に対する反発と「その情念から解き放たれたい」という強い思いが込められているのではないだろうか。梁石日は自らの自伝のあとがきでこう記している。

私にとって両親は朝鮮の精神風土の根っこのようなものだが、その根っこのところで悩み苦しんできた。骨肉を分けた肉親はもっとも身近な存在であるはずだが、同時に彼我の関係を見分け難く内部に抱え込んでしまうことで、愛憎の極みにおいて自己破綻をきたしてしまう悲劇を招くのである。愛と憎しみが肉の一部となり、生涯その枷から解き放たれることはない。

（『修羅を生きる』講談社現代新書、二一三ページ）

本書のモティーフが、その後、大作『血と骨』に結実したことは言うまでもない。

（出所：『ユリイカ』二〇〇〇年一二月号）

在日文学の可能性

芥川賞作家
玄月 × 朴一

朴一　――先日、山梨県立文学館というのができたと聞いて行ってきたんですが、その正面に芥川龍之介さんと李良枝《イヤンジ》さん、二人の顔がどーんと出ているポスターが張ってありましてね。

玄月　――へえ、それは凄いですね。

朴　――賞の名前となった作家と受賞作家、という組み合わせなんでしょうけど、いやあ、嬉しかったですね。二人の顔は縦横四～五メートルほどもあって、「この前で写真を撮ったら、自分の顔も小さく見えるかな」、なんて思ったり（笑）。こういうのが大阪にあったらいいのに、とも思いましたね。織田作之助さんあたりから始まってラストは玄月《げんげつ》さん、という流れで。さてそれはそうと、今日はワンコリア・フェスティバルが御縁で対談することになったわけですが、私がワンコリア・フェスティバルと出会ったのは、今から一五年以上前、第一回目の時なんです。当時私は、韓国・朝鮮の書籍を集めた学林図書館というのを御幸森小学校の近くで開いていましてね。公立の図書館に韓国・朝鮮の本がなかったので、約一万冊を集めてボランティアでスタートしたんですが、そこに鄭甲寿《チョンガプス》さんの弟さんが第一回の実行委員長としてチラシを持ってこられて。今でこそ流行語大賞を取れるくらい有名になったワンコリアという言葉も、当時は「なんのことや？」という感じでした。その頃、玄月さんはおいくつでしたか？

玄　――八五年やったら、ちょうど二〇歳ですね。高校を卒業して、同胞系の金融会社に勤めていました。

朴　――その頃は、もう文章を書いていて……。

玄　――いや、全く書いていませんでしたね。卒業したし、とりあえず働かなあかんとは思いましたが、将来に対する意識が全然なかったんです。自分のやりたいことも分からなかった。（在日の）皆さんの話を聞いていると、若い時から問題意識をずっと抱えて生きてはるでしょ。一〇代、二〇代……と。僕自身は、何を自分のテーゼとして生きていこうかとか、そういうことを全然考えていなかったんです。

朴　――以前、二〇代の頃にヨーロッパへ行かれたと伺いましたが、それが人生の転機になったという部分はありますか？

玄　――二カ月ほどの旅行だったんですが、それが転機になったというよりも、始めから転機を求めて行ったんです。最初に就職した会社に四年間勤務して、「ちょっとここで、動かなあかんなぁ」と感じていたので。

朴　――このままじゃ終わりたくない、と。

玄　――まあ、そんな感じですね。帰ってきてからはトラックに乗って運送の仕事をしたり、その後は室内のクロスを張る仕事もしました。手に職を付けようかと、軽い気持ちで始めて。技術も覚えたし、結構楽しくて半年くらい続けました。

玄　——ということは、その後また別のお仕事に就かれたわけですよね。

朴　——ええ。イギリスにイングリッシュパブってありますでしょ、重厚なカウンターがあって雰囲気のいい。旅行中、一カ月ほどイギリスにいた時によく行っていて「こんな店をやりたいな」と思っていたこともあって。で、そんな仕事を覚えてみようかということでビアレストランに勤めました。それと結婚が重なったんです。二五歳で結婚しましたから。だから、何て言うのかな。僕は何も成してきていないんですよ。子どもってみんなそうですけど、一〇代の時なんかは「自分はいずれ、何かができる」って短絡的に楽観的に、そう考えたりしますよね。僕もそのタイプで「そのうち何かできる。自分は何かできる」って思っているうちに二〇代半ばになって、「自分は何もできない」って分かってくる。できることが限られてくるんですね。そう思えてきた頃に結婚でしょ。で、子どもができるとなったら、これはますます自分の選択肢がなくなってきたな、と。焦りが生まれますよね。

朴　——先ほど玄月さんが「若い時から問題意識を抱えて」って言われましたけど、私はただ金持ちになりたかったんですよ。父方の叔母に子どもが何人かいて、みんな結構高学歴だったんですけど、就職が全然なかったんですね。その兄貴たちがね、うちは親父が直系の長男だから祭祀（チェサ）をするとやってくるんですが、夜になると酒を飲んで暴れるわけですよ。ビール瓶とかをバーっと投げて、「俺が日本人やったらこんな仕事してへんのじゃ、ボケ！」って。そのビール瓶がね、私は遅く生まれたので高校生くらいでしたが、腹に当たったりするわけよ。だからそういうのを見ていてね、自分はやっぱりそんな生き方はしたくないな、と。まあ、差別とかがあったにしてもね、やっぱり自分はそこに責任転嫁したくない。そう考えていた時に、兄貴たちのうちの一人がね、「おまえも早く就職した方がいい、大学なんて行ってもしょうがないから、早く見切りをつけろ」と言ったんです。その時に私はムカッときまして、「兄貴、あんたが就職でけへんかったのは朝鮮人だからじゃないぞ。あんたが無能やからや」って言ってしまってね。そしたら当然その兄貴もバーンと切れて、殴り合いのケンカになって……。その後「大学に行って、金持ちにならなあかん」という思いであれこれ考えて選んだのが商学部だったんです。

朴　――いや、金持ちを目指すんだったら、医学部でしょう（笑）。

玄　――医学部だったら小金持ちにはなれるけど、私が目指していたのはそんなんじゃなくて、大金持ちです（笑）。それを実現したのが孫正義さんだと思います。そこで大学では経営哲学を勉強したんですが、貸借対照表がどうとか会計学や経営学をやっていて「おもろないわ」と思ったんですね。そこで一番おもしろかったのがマルクス経済学でね。で、マルクスの『資本主義に先行する諸形態』とか『共産党宣言』を読んでいると、学生運動をしている連中がうまいタイミングで来るわけですよ。「おまえ、それをもっと深く勉強してみたいやろ」と。「それをさらに発展させたのが金日成思想だ」って留学同の先輩が来て言うわけです。

朴　――なるほど。

玄　――それで、勉強会にも行ってみるんですが、行ったら何かちょっと違うんですよね。「ヘーゲル哲学の終着点が金日成思想だ」と言う先輩もいましたが、やっぱりなんか違うな、と。そ

朴　玄

んな時に韓学同の先輩もやってきて「こっちも覗いてみろよ」と言ってきまして。で、そうしてみたら、そっちには可愛い子がいっぱいいたんですね。で、「やっぱりこっちやなあ」と（笑）。そうこうしている内に、同志社や立命館といった関西の大学から韓国に留学に行っていた在日学生が一挙にスパイ容疑で捕まる。いわゆる「学園スパイ団事件」が起こってね。「僕たちは救援活動をしやなあかん」、ということでみんなが燃えたんです。祖国で一生懸命勉強していた人たちが、ソニーのテープレコーダーを持っていて北の放送を傍受したという容疑で、死刑判決を受ける。そんなこと許されるか、と先輩たちが立ち上がって。その時、私たちの中で完全に考え方が分かれましたね。思想闘争をしたら、最終的には祖国で逮捕されて死刑判決を受けるかもしれない。だからこの際、一気にそういう人たちと縁を切るか、それとも正義のために救援運動をやっていくのか。その二者択一で離れていくやつと残るやつに分かれたんですが、私はどうしても向こうに行った人たちを切ることができなかった。で、そのままぬかるみに入っていくように組織での活動を四年間、死にものぐるいでやりました。結局そこで、いつもつきつけられたのは、「あなたは北ですか、南ですか」「あなたは左ですか、右ですか」ということで、となると結局、自分の生き方が限られてくるわけですよ。

――当然そうなりますね。

――そこで学部を卒業した時に、「このままじゃだめだ」って思いました。玄月さんはそう感じて、いろいろ行動を起こされたわけですが、私も一から勉強し直そうと思い、大学院へ行きました。どっちかという生き方ではなく、もっといろんな生き方があるんじゃないか、ということに何となく気づいたんですよ。その頃に出会ったのが、鄭甲寿さんで、彼はどっちかの生き方を選ぶんじゃなくて、「あれもこれもあるんだ」というのを実践でやっていた人でしょ。取って付けたような言い方になってしまうんですが、「北でもなく南でもなく、イデオロギーを抜きにして在日という大きな舟をつくろう」という考え方は、当時は非常に画期的なものだったんです。玄月さんが鄭甲寿さんと知り合ったのは、芥川賞受賞前のことだそうですね。

玄　——そうですね。去年（一九九九年）の夏、ぼちぼち雑誌に作品が出始めた頃です。

朴　朝日の文芸時評に写真入りで登場されたのも、その頃？

玄　——いや、あれは『陰の棲みか』ですから去年の今時分ですね。その前に芥川賞候補になった『おっぱい』が出たのが去年の夏です。

朴　私も読みましたよ。個人的には『陰の棲みか』より好きですね。在日の人たちの間では『おっぱい』の方が人気が高いんじゃないかな。これまで経験されたお仕事の話がいろいろと出ましたが、小説を書くこととはどこでどう出会われたんですか。

玄　——ずっと、読んではいたんです。小説は。

朴　書くのではなくて？

玄　——ええ。

朴　どんなものを読んでいたんですか。例えばアメリカ文学なら……。

玄　——フォークナーとか好きですね。最初はヘミングウェイを読んでいたんですが、後からフォークナーの方が合うなと。その他にはジョン・アーヴィングとか。日本文学なら谷崎潤一郎、太宰治なんかも読んでましたよ。

朴　――でも書くまでには至ってなかったんですよね。

玄　――ええそうですね。調理師の仕事をしながら、休みの日なんかに本を読んで。

朴　――本当にいろんな仕事をしながら、仕事を何度も変えていきながら、自分にほんまに合うものを見つけようとする人って、実際そんなにいないですよ。自分に合っていない仕事をそのまま続けている人がほとんどだと思うんです。人類の九割がそうではないでしょうか。

玄　――ある意味、僕は「これはどうかな?」と思ったら、もう動いているタイプなんです。ひとつひとつやってみながら「あ、これは違うな」と思ったら、また別の仕事を始めてみる。そうこうしている間にも小説はずっと読んできましたから、読む喜びは知っていたんです。その読む喜びが「自分もこんなのが書きたい」という希望……というか、欲望に変わっていくわけですよ。またその頃うちの姉が小説を書いていたんです。彼女は文学少女でしたから、姉が大阪文学学校というのに通っているというのも聞いたことがあってね。で、「よし、俺もちょっと小説を書いてみるか」と思ったんです。

朴　――それが何歳の時ですか?

玄　――二六〜七歳の時ですね。と言っても原稿の書き方なんて分かりませんから、まず何をしたかというと、ワープロを買いにいったんです。確か中古で七万円くらいでした。

朴　――じゃあ、玄月さんはワープロ作家世代なんですね。

玄　――最初からワープロ作家ですね。でも改行のしかたすら分からなくて大変でした。まあ、

朴　ワープロがどうとか言う以前に僕がね、小学校とか中学校の時に書かされる作文とか、まともにできた試しがなかったんですよ。

玄　――それはええ話やわ。それは学生が聞いたら喜びますよ（笑）。

朴　――そうですかね（笑）。結局僕は勉強ができなかったんですよ。うちは五人兄弟なんですが、上の三人はめちゃくちゃ頭がよかったんです。ところが僕とすぐ上の兄貴がどうしようもなくてね。上の三人は家の仕事が大変な時期に学校に通っていたので、仕事を手伝いながら勉強もして。で、下の二人は「仕事をしなくてもいいから勉強してくれ」と言われたのに、しなかったんですよ。

玄　――ちなみに、通っておられた学校は民族学校だったんですか。

朴　――いや、日本の学校です。

玄　――僕と一緒ですね。じゃあ、学校は本名で通ってました？　それとも日本名で？

朴　――日本名でしたね。

玄　――となると、在日としてのアイデンティティを考えたりということに関してはどうでしたか。

朴　――考えましたよ。まったく考えなかった、なんてことはないですね。ただ、具体的なとっかかりがなかったんです。僕は猪飼野で生まれ育っているけど、だからと言ってね、よその人は誤解するかもしれないけど、猪飼野に生まれ育てば必ずそういう意識を持つようになるかというとそうでもないわけで。

玄　――それはそうですね。でも最近この周辺の学校から講演を頼まれることが多いのですが、本名使用率も高いし、先生方もかなり力を入れて民族学級などの運営に当たっている、という印象はありますが。

玄　――実際のところ、同じ生野区の小学校でも微妙に温度差があるんですよ。僕のいた地区は温度が低い方で。でまあ、二〇歳を超えたあたりからですかね、徐々に在日文学を読むようになりました。

朴　――ちなみに、最初はどなたをお読みになりました？

玄　――最初は李恢成《イホエソン》さんでしたね。

朴　――おもしろくなかったでしょう。

玄　――いや、おもしろかったですよ。そこに書かれているいろんなことが、僕にとったら新鮮やったんですよね。

朴　――じゃあ、最も影響を受けた在日の作家と言うと李恢成さんですか？

玄　――それは金石範《キムソクポム》さんですね。イデオロギーがどうとか、そういうのではなくて小説技法が優れているんです。描写力、構成力といった。

朴　――やっぱり私とは見るところが違いますよね。私はイデオロギー小説として読んでいますからね。

玄　――僕は、特に登場人物に対する描写力に驚きましたね。例えば『鴉の死』に出てくる爺さんがいますよね。あんな人がいると噂で聞いていても、あそこまでリアルに描けるなんて、もう凄いと思いますよ。

朴　――私は文学評論家でもありませんし、文学ファンの一人として、さきほどイデオロギー小説だと言ったのは失礼だったかもしれませんね。ただ、イデオロギーに翻弄される人の苦悩とか哀れみとか、そういうものが伝わってくる、というかね。

玄　――ええ、そうですね。

朴　――その点では私は凄い影響を受けたんですよ。金石範さんの小説から。

玄　――だから、そのイデオロギーに翻弄される人物の出し入れ、つまり物語の中でどのように入ってどのように出ていくかという部分がものすごく精緻にできているんです。それはいくら知識があってもできないことで、小説家としての技術を持っているからこそできることなんですよ。

朴　――凄いな、やっぱり私とは見方が違いますね。いわゆる在日朝鮮人文学という呼び方があるじゃないですか。文芸評論家なんかが言う在日朝鮮人文学というのは、まず書き手が在日朝鮮人で、日本語を使って、そして在日コリアンのアイデンティティの苦悩を描き出す、と。単純に言えば、ですが。で、そういうのを在日朝鮮人文学だとしたら、金達寿《キムダルス》さんから始まって金石範さん、李恢成さんときて、今また若い人たちが台頭してきていますが、玄月さんとしては、その流れを継承していきたいと思っておられるのか、それとも破りたいと思っているか、どちらなんでしょうか。

玄　――継承するとか、破る、といった考えはないんですよ。自分が思っている小説世界を描いていきたいというだけで。僕はノンポリですから。世代的にも政治と関わっていないんですよ。

朴　金石範さん、李恢成さんは政治から離れられない部分があったと思うんですね、世代的にも政治抜きには語れないというか。そういう部分で僕は政治とは関わりのないところで育ってきているから、意識が全く違うんですね。

——例えば、玄月さんが芥川賞を取った後に、金城一紀さんが直木賞を取りましたよね。お二人の作品を比べてみると非常に対照的だと思うんです。玄月さんの作品は非常に重いテーマを硬質なタッチで描いている。ところが金城一紀さんの方は、非常に軽い。言ってみればサブカルチャー的なタッチで描いていますよね。今の時流に乗っているというか。で、私は、玄月さんに関してはやっぱり金石範さんたちからの流れの延長にいるという印象があるんですね。非常にしんどいテーマと向き合っているというか。

玄　——僕の文章は硬いですか（笑）？　基本的には、自分が第三者として読んでおもしろいかどうか、それ以外には何も考えていないんです。

朴　——でもそれは大切なことですよ。私自身も、そうです。と言っても、私は論文が中心ですが。

玄　——日に三〇〇枚は書かれるとか？

朴　——嘘です、嘘です（笑）！　そんなに書けませんよ。実は今日も『論座』に頼まれた原稿を朝までかかって一五枚書いたんですが、もうひーひー言いながらですよ。で、伺いたいのですが、どうしたら苦しまずに書けるんでしょうか？

玄　——僕自身も、小説を書いていて苦しくなかったことなんか一度もないですよ。

朴　——それは嬉しいなあ。作品が生まれる時は、苦しみの果ての喜びという感じですか？

玄　――できあがって『了』を記す時の、あの喜びは何ものにも代えられないですね。

朴　――なるほど。ちょっとこれは勝手なお願いですが、玄月さんには一年に一作、非常に質の高いものを発表して、「これをいくらで買いますか？」と強気で売るような作家でいてほしいんです。

玄　――僕の希望としては四～五年に一作が理想なんですけど。

朴　――いいですねえ。ただ食べていかねばならないでしょうから、一〇万部売れる作品を年に一作、これでどうでしょうか（笑）。

玄　――実際に一〇万部売れる本というのは、その一〇倍、つまり一〇〇万人の人が読んで「おもしろい！」と思うくらいのものじゃないとだめだと思うんです。それを意識しながら書こうとすると、どうしても一定の方向へ歩み寄らないといけないんじゃないか、と。

朴　――そこは難しいところですね。ただここ数年間の在日朝鮮人文学世界の胎動というのは激しくて、梁石日《ヤンソギル》さんや柳美里《ユウミリ》さん、それから玄月さん、金城一紀さんと実に次々といろんな方が出てこられましたよね。そしてそれぞれにたくさんの読者を得ている。それを見ていると、読み手は書き手が在日であろうがなかろうが関係ないんじゃないかと私は思うんです。梁石日さんなんかも、あらゆることに関して非常にニュートラルな立場で書かれていますし。

玄　――梁石日さんに関しては本当にニュートラルですよね。僕もどちらかと言うとそうです。

朴　――もちろん、在日朝鮮人そのものをテーマにした作品もあるわけですが、そこに描かれた在日朝鮮人の苦悩や葛藤を通して、読者は人間なら誰もがぶち当たる普遍的なテーマに出会っているんですね。だから誰が読んでも伝わる。普遍的なテーマを在日朝鮮人というメスでリアルかつビビッドにえぐり出すことができる、という点で在日は「書く」ということに関して恵まれているのではないでしょうか。

玄　――それは言えてますね。

朴　――以前はマイナーリーグにあった在日朝鮮人文学も、今はメジャー化してきましたし、今後は既存の日本文学をぐちゃぐちゃにして新しい日本の文学を作る力になっていくんじゃないか、と私は思います。そういう意味で、これからが本当に楽しみなんです。最後に玄月さん自身の目標に関してはどうですか。やはり後世に語り継がれるような作品を書いてみたい、という気持ちをお持ちなのでは？

玄　――後世に、とまではいかなくとも、五〇年後に自分の書いた本が本屋にあったら嬉しいですね。

（出所：『ワンコリア・フェスティバル二〇〇〇』二〇〇〇年）

韓国映画とエロス

英文学者
堀江珠喜 × 朴一

1通目の手紙

朴一様

堀江珠喜

前略ごめんくださいませ。

先生のご活躍ぶりをマスコミ等で知り、頼もしく、またうらやましい限りでございます。初めてお目にかかりましたのは、前世紀末だったのではございませんかしら。秋にアメリカ総領事館主催のパーティーで、御同伴の美しい奥様に話しかけていただきました。見覚えのある方、と思いましたら、なんと私がまだ二〇代の後半に、S女子大で非常勤講師として英語を教えていたとき、そのクラスにいらしたのでしたわね。しかも美人三姉妹の末娘さんである奥様の、一番上のお姉様は、神戸女学院大英文科で私と同級生。学生時代の奥様とは、よく授業の後で、「世間は狭い」とおしゃべりしたものでした。

ただし、先生のお義姉《ねえ》様は当時の神戸女学院の教育方針通りに「良妻賢母」となられた優等生ですが、私のほうは「悪女」を看板に、SM官能小説の大御所、団鬼六をテーマに本まで執筆してしまう不良大学教授。もっとも世間では、いまやSMという言葉も市民権を得ているようですが。

思えば、真面目な学生生活を送られたお義姉様とは違って、私は、出席をとらない科目はサボり、校舎に横付けされたボーイフレンドの車で抜け出して、短時間のデートを楽しんだものです。まさに古き良き時代。現在の女学院では、車両乗り入れ制限があるようですから。

ともかく、まさか将来、大学教授になるなどとは夢にも思いませんでしたので、成績も平均点より少し上で結構。でも要領だけは良かったので単位を落とすこともなく、えこひいきをする先生方には可愛がっていただいた女学院時代でした。

けれどもこのような時期に、遊び心を習得（?）したからこその『団鬼六論』（平凡社新書、二〇〇四年）なのかもしれません。

驚いたことに、先生も団鬼六のファンでいらっしゃるのですね。あのパーティーの頃、すでに私は団鬼六官能小説の文庫化にあたり、解説文をいくつか書いておりました。それを先生はお読みくださっていたとうかがい、大変嬉しゅうございました。

インテリ層には、団鬼六のファンが多いのです。そこへ文庫本の解説を、当時助教授だった私が堂々と自分の肩書をつけて書いたので、「大学の先生が勧める本だから買ってもいいのだ」という奇妙な安心感を読者の方々に抱いていただけたように思われます。

団鬼六氏とは、私、個人的なお付き合いもあり、また耽美性に魅せられて全作品も読み、それらをもとに『団鬼六論』にまとめたのですが、おそらく何かの間違いで、これが「日本図書館協会選定図書」になりました。このお墨付きのおかげで、もし私の軟派研究に大学がいちゃもんをつけてきても、こう反論できます――「あら、社会的には、ちゃんと認めてくださってますのよ、ホホホ」。

ところで先生にお教えいただきたいのですが、韓国における「ＳＭ」事情はいかがなものでしょう。趣味やビジネスとして成立しているのでございましょうか。十余年前、ある国際学会で、ＳＭ好きの台湾美人助教授と知り合いました。米国留学中に、指導教授から手ほどき（縛り？）されたそうです。では御多忙の先生、末筆ながらくれぐれも御自愛くださいませ。

返信1

堀江珠喜様　　　　　　　　　　　　　　　朴一

お手紙ありがとうございます。最近はメールのやりとりばかりで、お手紙を頂くことがめっきり少なくなったので、とても嬉しゅうございました。実は、私も先生と同じく、大学時代は講義をさぼって運動ばかりしていた劣等生でした。と言っても、私が励んでいたのは、当時流行していたアメラグやラグビーではなく、世の中の矛盾に牙をむける学生運動でしたが……。

今、この返信をソウルで書いています。昨日、市内にある大型書店を覗いてきました。話題書コーナーに立ち寄ると、なんと韓国語に翻訳された先生のご著書『男はなぜ悪女にひかれるのか』を見つけました。

ソウルで日本人の本を買うことはめったにない私ですが、おもわず手にとってしまいました。フェミニズム論を研究している韓国人の教授に読んでもらおうと思ったからです。現代日本の男女関係を様々な角度から解剖し、新たな男と女の関係や女の生き方を模索する先生の作品が、この分野でかなり保守的な韓国でどのような評価を受けるか、楽しみです。

日本の大衆文化に門戸が開かれてから、日本の映画やCDにも関心が集まっていますが、日流の主役は意外にも日本の書籍です。村上春樹や宮部みゆきなど人気作家の作品は出版後直ちに翻訳・出版され、ベストセラーになることも少なくありません。小説のみならず、日本の社会や風俗に関する一般書もかなり読まれています。

この結果、かなり多くの日本の流行作家の作品が韓国語でも読めるようになりました。しかし残念なことに、官能小説の巨匠である団鬼六の作品はまだ翻訳されていないようです。その背景として、韓国ではポルノグラフィやSMが日本ほど市民権を獲得していないという事情があります。

韓国で少し前に、「LIES／嘘」（チャン・ソヌ監督、一九九九年）という映画が公開され、話題になりました。女子高生と中年男の倒錯愛を描き、ベネチア映画祭で高い評価を受けた作品です。しかし国内では、きわどいSMシーンも登場する過激な性描写が問題視されただけで、まったくヒットしませんでした。韓国でこうした作品が芸術作品として評価されるには、もう少し時間がいるようです。

余談ですが、韓国から来た留学生の間で「エンタの神様」というバラエティー番組が人気のようです。しかし、タレントのにしおかすみこさんのSMチックなジョークを理解できる人は少ないかもしれません。もちろん、私の韓国の知り合いに、にしおかすみこさんの大ファンという三〇代のMの男性もいますが、彼は周囲から「ピョンテ（変態）」とからかわれています。

私も団鬼六の読者というだけで「ピョンテ」扱いされた苦い経験がありますが、未だに団鬼六ファンが正直にカミングアウトできない背景には、ポルノグラフィや官能小説に対する根強い偏見が、韓国のみならず日本にも残っているからだと思います。

もちろん徒《いたずら》に性的興奮を煽るだけの官能小説や、女性差別を肯定するポルノは駆逐されるべき存在かもしれません。しかし団鬼六『外道の群れ——責め絵師・伊藤晴雨伝』や、渡辺淳一『シャトウルージュ』のように、SM小説ではあるが純文学として高く評価される官能小説もあります。両者を区別する基準はいったいなんでしょうか。また先生のご意見をお聞かせいただければと思います。とりとめのない手紙で失礼しました。また書きます。

返信2

朴一様　　　　　　　　　　　　　　　　　　　　　　　　堀江珠喜

ソウルからの御返信、有難うございました。ちょうど三年前、秋のソウルを訪れ、その落ち着いた風情に魅せられました。

おっしゃる通り、私も最近は手紙をしたためる機会が減り、書くのは主に礼状と苦情。特に後者が多いので、「筆名を九条優子（苦情言う子）にしたら？」と、悪友に皮肉られています。

それはともかく、ソウルで拙著『男はなぜ悪女にひかれるのか』の韓国語版を購入していただき光栄です。先生がお渡しくださったフェミニズム研究家の御意見を、ぜひ、うかがいたく存じます。

昨年に出した『おんなの浮気』（ちくま新書）も、韓国語に訳される予定ですけれど、この内容のほうがカゲキなので、儒教的イメージの強いあの国で大丈夫かしらと、私自身、出版の実現には半信半疑でおります。

さて御質問の件ですが、官能小説が純文学なみに高く評価され得るか否かは、やはり作家の筆力次第なのではないでしょうか。以前のように性器を直接的に表す言葉が禁じられていた時代に、団鬼六が、伏せ字を用いず隠喩などでエロチックな行為を描写し続けられたのは、その才能によるものと思われます。

また彼のSMは、「変態」というよりも「耽美的」。和装の美女が悪漢に捕らわれ縛られているなど、ふつうの時代劇でも見かける場面への好みが、根底にあると考えます。

人気の高い歌舞伎作品「金閣寺」では、満開の桜の木に、縛られた雪姫がつながれます。たとえば玉三郎がこの役を演じる姿に、美を認めない日本人はむしろ少数でしょう。

いっぽう最近のSM映画については、原作がご自分であるにもかかわらず、「西洋風にアレンジされ、残酷すぎて観るのが怖い」とおっしゃる団鬼六氏。

和の情緒を愛する彼のSM世界が、本来、縄を象徴的アイテムとするのに対し、西洋では革や金属製品が好まれるようですね。たとえばポーリーヌ・レアージュ著『O嬢の物語』においても、この傾向はうかがえます。韓国でも、このSM小説は翻訳されているのでしょうか。

まさにこれは、乗馬文化の残るヨーロッパらしい作品だと思います。そういえば以前、団鬼六氏からエルメスのムチをいただいたことがありました。このブランド店も、もとはバッグではなく馬具屋ですものね。

ところで韓国的SMというか、男女の異様な恋愛関係を描いた傑作は、映画「悪い男」（キム・ギドク監督、二〇〇四年）ではないでしょうか。惚れた女子大生をワナにかけ、恋人から引き離し、娼館に送り込むヤクザ。マジックミラー越しに彼女の様子を、この悪い男が見守る場面も印象的でしたが、二人が改造トラックで移動式個人娼店を営むラストシーンには、妙に感動しました。

韓国内外でも、いくつかの賞を受けたようですね。私は東京で観たのですが、一緒に行った元銀行マンも、深く感じ入っていました。先生のお知り合いの韓国の方々は「悪い男」をどう御覧になりましたでしょうか。

悪い男ならぬ『悪女の老後論』（平凡社新書）が出ましたので、別便にてお送りしました。お目通しいただけましたら幸いです。かしこ

返信3

堀江珠喜様　　　　　　　　　　　　　　　　朴一

拝復　刺激的なお返事ありがとうございました。この間、先生とご一緒させて頂いたときも「悪い男」の話で盛り上がりましたが、私もあの作品は、ある意味で恋愛映画の傑作であると思います。

釜山映画祭で高い評価を受け、韓国でもヒットしましたが、一方で観客の評価は、真っ二つに割れました。一つは、「女性蔑視そのもの」というフェミニズムからの痛烈な批判。もう一つは「究極の愛を描いた傑作」という称賛です。これは海外でも同様でした。

確かに、好意を寄せる清楚な女子大生を罠にはめ、売春街に売り飛ばし、監禁して、見ずしらずの男に抱かれる彼女の姿をマジックミラー越しに眺めるヤクザ（主人公）の屈折した感情表現は、常人には理解できないものがあります。また女子大生が売春婦というどん底の境遇に転落することで、かえって深い愛にめざめる展開に、違和感を覚える女性も多いと思います。

しかし、キム監督はそうしたヤクザの行動を肯定しているわけではありません。監督が描きたかったのは、生まれも育ちも違う女子大生に心を奪われながらも、身分の違いから彼女を愛することを許されないヤクザの葛藤と、ヤクザを見下した女子大生の視線の背後にある、韓国的な身分社会のゆがみではないかと思います。

数年前、私はソウルと神戸の名門女子大で同じアンケートを行いました。質問は、一流大学を出たブオトコと、高卒のイケメン、結婚を前提にお付き合いをするならどちらか、というものです。

例として、一流大卒はフットボールアワーの岩尾（吉本興業）、高卒はキムタクの写真を見せて調査した結果、韓国ではなんと九割が岩尾を選択。一方、日本では七割がキムタクを選びました。究極の選択ではありますが、この結果は、配偶者に対して、日本の学生がルックスを重視する一方、韓国の学生は学歴を絶対視していることを物語っているでしょう。

「悪い男」が問題にしているのは、良い大学を出なければ相手にされない、韓国の学歴中心主義の弊害だと思います。社会から排除されたヤクザが、エリート女子大生の人生を転落させたいという気持ちを抱くようになった背景には、身分社会への反発が潜んでいるというわけです。

とはいえ、日本でもこうした学歴や出自に基づく差別は存在するわけで、韓国に限った話ではありません。日本の小説、映画、ドラマでは、上流階級の男と下層階級の女との悲劇的な恋愛模様が何度も描かれてきましたし、団鬼六の小説でも「高貴な女性が、社会階級の低い醜男にいたぶられる」というプロットがよく使われています。それは、先生も『団鬼六論』で書いておられたように、上流階級に差別されてきた下層階級の復讐劇でもあるわけです。

映画では、自分を相手にしなかった女に対するヤクザの復讐心が、やがて愛情に変化していくとともに、自分を罠にはめた「悪い男」に対する女の憎しみも、愛情に変化していく過程が描かれています。

この作品はきわめて特殊な事例かもしれませんが、概して女性は、悪い男に引かれるようです。「ちょい『不良《ワル》』オヤジの作り方」という特集記事を組んだ男性誌もあり驚きますが、女性たちはそれほど、悪い男に魅力を感じるものでしょうか。先生のご意見をお聞かせいただければ幸いです。

堀江珠喜

返信4

朴一様

男女を問わず、「ワル」に魅せられる者は少なくないと存じます。また源義平を「悪源太」と呼ぶなど、日本語の「悪」にはエネルギッシュなイメージが加わることもあり、パワフルな男性に女性が惹かれるのは当然かもしれません。

もちろん刑法上の悪人とは、関わりたくないでしょう。しかし「ちょいワル」男性がモテるのはわかります。理由は簡単、真面目男性より面白いからです。ただし、これはあくまで遊び相手としてであって、結婚が前提であれば、選択基準は異なりましょう。

先生が女子大生を対象に実施された興味深い調査において、もし有名芸能人ではなく、無名の素人男性の写真を使われたなら、少なくとも日本では違った結果になったのかも？

多くの女性は、見た目ではなく、より高い生活レベルを期待できそうな相手を選ぶと思われます。

その意味で、やはり有名大学卒の男性は有利なようです。私の知人で、東大卒の熟年離婚した「ちょいワル」定年退職者が某結婚相談所に登録したところ、女性会員からデートの申し込みが殺到しているとか。

「就職の時よりも、オレの学歴が役立つ」と、彼はホクホク顔。なにも再婚を真剣に考えているわけではなく、複数のガールフレンドが欲しいだけなので、今のところ目論見は成功しているようです。

もっとも、このような楽しい「ちょいワル」は、浮気性でもあるので、夫には真面目男性が望まれると思われます。男性にとっても、付き合うだけなら、いわゆる「悪女」系が、刺激的で魅力的かもしれませんが、配偶者としては良妻賢母タイプを求めるのでは？　もちろんそれに美が伴えば最高でしょうが、生活習慣や健康状態により、容貌や体形は変わります。

さて、私は神戸女学院大学の卒論で、ファム・ファタル（男性を破滅させる妖婦）としてのサロメをテーマにし、それ以来、悪女について執筆や講演などを続けています。

もともと日本語の「悪女」は「醜女《しこめ》」を意味しました。にもかかわらず、現代では、むしろ美貌と知力を活用して、男心を操り自己実現する女性像を思い浮かべてしまうのは、小説や映画、テレビドラマなどの影響でしょう。

そこで私個人は、「悪女」をこう定義しています――「男性社会において、女性であることを武器に、より得な人生を送る女性」。つまり、悪女は処世術にたけたスーパーレディということになりましょうか。

女を武器にするという点では、私なども同様で、自治体などの審議会委員をさせていただけるのも、日本ではまだ数少ない女性教授だからと認識しております。私と同レベルの男性教授なら、佃煮にできるほど（！）多いのに、女だからこそ、さまざまなチャンスが与えられるのはありがたいことです。また男性社会のおかげで、多くの優等生が専業主婦になり、大学院も入りやすくてラッキーでした。ただしその後の就職は、男女雇用機会均等法やセクハラの概念がない時代だったので、困難でしたが、それを勝ち抜くのが悪女です。

ところで韓国にも、悪女を意味する単語はあるのでしょうか。あるとすれば、どのような女性が、そう呼ばれるのか。お教えいただけましたら幸いです。かしこ

返信5

堀江珠喜様　　朴一

質問に詳しくお答え頂き有り難うございます。先生のご指摘通り、日本の女性の場合、恋人と結婚相手で選択基準は異なってくるかもしれません。ですが結婚相手を外見でなく、より高い生活レベルを期待できそうな人＝有名大学卒業者を選ぶというのが、現代の日本女性の趨勢でしょうか。

お手紙を拝読後、二〇～四〇代の男女千人を対象に結婚相手の条件を調査した雑誌記事「結婚できる人、できない人」（プレジデント、二〇〇七年一〇月一五日号）を見つけました。

この調査によると、実に女性回答者の六五・二％が「学歴はあまり関係ない」とする一方、七〇・六％が「容姿を重視する」と答えています。大雑把に比較すると、やはり日本の女性は外見重視、韓国は学歴重視と言えるのではないでしょうか。

では男性はどうでしょうか。日韓とも、結婚相手の条件として、外見を重視する傾向が強いと言われています。先の雑誌の調査では、「容姿はあまり関係ない」と回答した男性は二割だけでした。韓国ではもっと少なくなると思われます。

韓国では「二〇代女性の八〇%が、きれいになるためなら、美容外科手術を受けたい」というアンケート結果が出たそうです（川島淳子著『韓国美人事情』洋泉社、二〇〇一年）。こうした変身願望は、外見で女性を判断する韓国社会の伝統が生み出した歪みだと思います。先生は、外見で人を判断する社会の風潮をどう思われますか。

ところで、日本語と韓国語には、同じ漢字表記をしながら異なる意味をもつ言葉が少なくありません。例えば「愛人」。この言葉は、日本語では普通、情婦（夫）の意味で使われますが、韓国語では恋人です。

以前、韓国に留学した日本の女子学生が現地の男性から「愛人になってくれ」と言われて、相手を殴りとばしたという話を聞いたことがありますが、こうしたトラブルは似て非なる言葉が生み出した悲劇だと思います。

悪女も、日本語と韓国語ではニュアンスが異なる表現ではないかと思います。例えば、北新地のクラブで「君は悪女だね」とお客から言われて、嫌がるホステスはいないと思います。しかし、ミナミのコリアンクラブで同じことを言うと、そっぽを向かれるでしょう。

なぜなら、韓国で「女性を武器にして男を手玉にとるような女」は、男を不幸にすると言われているからです。

今、韓国では、政府高官が特別な関係にあった女性を、大学に圧力をかけて副教授に採用させたとされる権力乱用事件がたいへん話題になっています。副教授の学歴偽造と高官との親密な関係が問題になり、愛人の政治力を使って疑惑をもみ消そうとした彼女は「美術界のシンデレラ」から「セックススキャンダルの主人公」に転落。連日、「悪女」の代表のようにマスコミからの攻撃にさらされています。(注)

こうした報道を見ると、まだまだ韓国では、悪女に好意的なイメージは付与されていないことが判るとともに、女性の成功物語に対する男性のねたみも感じられます。

ただ私は、美貌と知力を武器に、政府の高官を操りながら「美術界のシンデレラ」にのし上がっていった彼女の生き方には小説以上のドラマを感じます。韓国人の中にも同じように感じている人は少なくないと思います。この事件が、いつかそうした視点からドラマ化された時、韓国でも悪女の意味が変わっていくかもしれません。

（注）二〇〇八年の光州ビエンナーレの芸術監督にも任命され、「美術界のシンデレラ」と呼ばれた申貞娥元東国大助教授の学歴詐称、論文偽造スキャンダルに際し、盧武鉉政権の大統領府政策室長であった卞良均が申氏の解雇を阻止するため大学に圧力をかけたとされる事件。二人は権力乱用や収賄などの容疑で逮捕された。

返信6

朴一様

堀江珠喜

御多忙中、いろいろ教えていただき、有難うございました。

先日、朴正熙《パクチョンヒ》大統領暗殺を描いた「ユゴ」（イム・サンス監督、二〇〇五年）の試写会に行きました。ときおりセリフに日本語が使われ、しかもそれらがかなり重たい意味を持っていたのが印象的で、再度観たい韓国映画です。

韓国の大統領が殺されたという大事件にもかかわらず、それが起きた七九年秋、恥ずかしながら私は、まったく無関心でした。当時、神戸大学大学院生だった私の頭の中にあったのは、博士論文のテーマだけ。よく西洋の笑い話に登場するアブセント・マインデッド・スカラー（研究に熱中するあまり、世事や常識に疎い学者）状態だったのです。

実際、論文執筆時には、何日も自宅に閉じこもっていたため、足の筋肉が衰え、夫の腕にすがって久しぶりに外出したこともあり、その頃に流行した映画や歌についても、ほとんど知りません。

それに比べると、今の大学院生は甘い！　と怒鳴りたくなります（なにしろ東大の院生ですら、キャバクラでホステスのアルバイトをする時代ですから）。

けれども、そんな説教をしようものなら、たちまち「アカハラ」や「パワハラ」と訴えられかねないので、私の堪忍袋の緒が切れる前に、大学院の担当から外してもらいました。

もっとも今の文系大学院は、かつてのような研究者養成所ではなく、いわば高等カルチャーセンターですから、仕方ありますまい。ただ皮肉なことに、市井の文化教室で学ばれる生徒さんの教養レベルのほうが高かったりするのですが。

さて、悪女研究をしていると、「歴史上の悪女は誰？」とよく質問されますが、正直なところ判断できません。歴史は体制が変わってから書かれたり、その女性と敵対関係にあった者が残した資料に基づいていたりすることもあります。さらには「女のくせに」との偏見もつきまといましょう。

日本史においては、日野富子が応仁の乱の責任者のようにみなされがちです。でも将軍の座に、義弟ではなく実子に就いて欲しいと思うのは、むしろ当然でしょう。この継嗣問題に、勢力を争う男たちがかかわってきたわけですし、高利貸や税金不正流用も、彼女ばかりではなく、男性権力者たちも行っていました。彼女は、頼りない夫と息子に代わり一家を支えなければならなかったのです。

それより私としては、日野富子や北条政子が、それぞれ足利義政、源頼朝の正妻でありながら、夫の姓で呼ばれない事実が不思議に思われます。つまり中国や韓国のように夫婦別姓であったことになりますね。

実は我が家も、私の仕事に支障をきたさないよう事実婚で通しています。夫婦別姓を認める法律が成立したら婚姻届を出し、子どもをつくろうと思ったのですが、適齢期を過ぎてしまいました。こんな事態も、少子化の一因になっているのかもしれません。

保守派議員は、「夫婦別姓は家庭を崩壊させる」と主張します。だったら同姓夫婦は絶対に離婚しないのか？　中国や韓国では、すべての家庭がメチャクチャなのか？　と、私はいつも反論しているのですが。

先生は夫婦別姓について、どう思われますか。御意見、うかがえましたら幸いです。かしこ

返信7

堀江珠喜様

朴一

いよいよ最後のお手紙となりました。女性学や文学の専門でもない私に、先生のお相手がつとまるか不安でしたが、とても楽しい言葉のキャッチボールでした。ときどき先生が投げるフォークボールを取り損ねて後ろに逸らすこともありましたが……。

さて、私も「夫婦別姓が家庭を崩壊させる」とは思いません。むしろ別姓が認められない現状では、離婚して事実婚に移行するカップルや、先生のように、別姓が法的に認められたら婚姻届を出そうというカップルが少なくないと思います。第一線で働く多くの女性にとって、別姓が認められないことが、結婚に踏み切れない理由であったり、離婚の原因になっていたりすることに、保守派議員は気づくべきです。

ただし、韓国における夫婦別姓がよい制度であるかというと、疑問が残ります。韓国では、結婚しても姓は変わらない「姓不変の原則」が堅持されてきました。しかしこれは「子が父の姓を継ぐ」という父系血統主義からもたらされたものであり、男女平等の原則からはかけ離れたものです。

こうした封建的家父長制度を色濃く残した法制に対する批判は高まり、二〇〇五年に法改正が行われ、二〇〇八年から両親が合意すれば子供が母親の姓を名乗れるようになりました。姓名における女性の選択権をめぐる闘いは、韓国でも第一歩を踏み出したばかりと言わねばなりません。

ところで、先生が八〇代半ばのお母様の老人ホーム入居の経緯などについて書かれた『悪女の老後論』（平凡社新書）を読ませていただきました。

「孝」を重んずる儒教原理に貫かれた韓国の家族制度では、子（できれば長男夫婦）が両親の老後の面倒を見るのが常識です。高齢の親を老人ホームに入れるようなことをすれば、親類から「薄情者」の烙印を押されるでしょう。

しかしながら、親の介護に疲れ、行き詰まっている韓国人家庭も少なくありません。ソウルの知人の家庭では、両親の介護に疲れた妻が脳梗塞で倒れて半身不随になり、残された夫が両親と妻の介護で悲鳴を上げています。我が家も例外ではありません。自分ではほとんど何もできない両親の世話は想像以上にたいへんで、我々の方が先に倒れるのではと思うことがあります。

介護のために自分たちの貴重な時間が奪われていくやるせなさは、時には親への愛情さえ失わせる原因になります。介護地獄に陥らないためには、周りから「悪女（悪い男）」と非難されようが、施設に親を委ねる勇気を持つことも必要かもしれません。

「まさかのときのために、しかるべき施設で、専門知識を持ったプロの手に親を委ねることこそ、親の安全、子の安心」という先生の主張に同感する人は多いと思います。また「常識的な設備の整った老人ホームは、自宅介護の費用に比べてはるかに安い」という指摘も、退職金や年金が期待できない今日、無視できない視点でしょう。

こうした指摘に同感しながらも、多くの人が親を老人ホームに入れることができないのは、「老人ホームは姥捨山《うばすてやま》」という偏見もさることながら、「子が親を献身的に介護するのはあたりまえ」という前近代の呪いから、我々の世代が未だ解放されないためだと思います。封建的家父長制度に基づく介護論にメスを入れた『悪女の老後論』が、韓国でも読まれる日が来ることを期待しています。

（出所：『朝日新聞』二〇〇七年一〇月二日〜一一月二〇日）

日本のプロ野球の国際化に関する一考察

山田「プロ野球ニュースという番組で『あなたが選ぶベストナイン』というコーナーがあるやんか」
金「二〇世紀に最も活躍したベスト・プレーヤーを守備別に選ぶというやつやろ」
山田「あれ見とって思うねんけど、助っ人の外国人プレーヤーがあんまり選ばれてへんやんか」
金「外国人はいくら活躍しても、本当のプレーヤー思われてないんとちゃうか」
山田「あえて外国人選手から、ベストナインを挙げたるとしたら、誰になるやろ」
金「やっぱ、ピッチャーは金正一（キム・ジョンイル）やろ」
山田「えっ、キム・ジョンイルて、あの北朝鮮の総書記か」
金「あほか！　おまえ、知らへんのか。四〇〇勝投手、金田正一の民族名や。カネやんは在日コリアンや」
山田「でも、日本に帰化してはるんとちゃうの」
金「そうか、ほな阪神で活躍したバッキーはどないや。九九勝もあげとる。捕手は珍プレイ選手No１にも選出された広島の達川光男なんか、どないや」
山田「ええ、達川って日本人ちゃうの」

金　「彼も、俺と同じ在日コリアンや」
山田　「ファーストは、やっぱりバースやろな」
金　「おれは、カークランドのほうが好きやけど、まあええわ。サードは二千本安打を達成し、ロッテの監督もつとめた有藤道世もええけど、近鉄から中日に移籍した金村も豪快なバッティングしよったな」
山田　「有藤や金村も在日コリアンかいな。知らへんかった」
金　「外野の三名は迷うな。やっぱり張勲（チャン・フン）ははずせんやろ」
山田　「ええ？　張勲って誰や」
金　「三千本安打を打った張本勲のことや。二千本安打を達成した元近鉄の朴宏昌のいぶし銀のバッティングも忘られへんな」
山田　「知らんな」
金　「イチロー育てたオリックスの新井コーチのことや、彼も在日や」
山田　「去年、三割、三〇本、三〇盗塁を達成した広島の金本知憲も在日コリアンらしいな」
金　「金本は毎日キムチ食っとるから、やっぱパワーが違うわ」
山田　「こうやって考えてみたら、いままでわかれへんかったけど日本のプロ野球で活躍した在日コリアンの選手がたくさんいるんやな」
金　「そや、名前が日本人みたいやから、わからんかっただけなんや。これからは、巨人に入団した李捕手みたいに本名で活躍する在日のプレーヤーに頑張ってほしいわ」

山田　「ほな、おれも明日から本名なのろかな」
金　「ええ？　おまえも在日やったんかいな」

（出所：『ミーツリージョナル』二〇〇一年四月）

苦悩する民族学校

日本には、現在二〇〇万人を超える外国人が暮らしており、日本人と外国人の国際結婚も増加している。その子どもたちの教育問題は、日本の「内なる国際化」や「多文化共生」を考えていく上で、きわめて重要な課題である。

外国人の子どもの進路には、いくつかの選択肢が考えられる。①日本の学校に行かせる、②日本に存在する外国人学校に行かせる、③母国留学させる、などである。どの進路を選択するのも自由であるが、自分の子どもに母国の言葉を学ばせ、民族教育を行いたいと考える外国人保護者は、母国留学の経済的負担や仕事・家庭の事情などを考慮し、外国人学校に子どもを通わせる人が多い。こうした在日外国人のニーズに応えて、現在、日本には朝鮮学校・韓国学校・中華学校が約一〇〇校、それとは別にブラジル・ペルー・インド・フィリピン系の外国人学校が約二〇〇校存在する（佐藤信行「外国人学校」『朝日新聞』二〇〇八年一月一七日）。

しかしながら、日本政府はこうした外国人学校の多くを正規の学校として認めていない。そのため、大部分の外国人学校には国からの助成金がほとんど出ないだけでなく、地方自治体からの教育助成も一条校の日本の学校に比べて低いレベルに置かれ、寄付金の免税措置から除外されるなど、子どもに対する教育的な制度保障の枠組みから隔離されているのが実情である。本稿では、外国人学校の中で最も長い歴史をもつ朝鮮・韓国学校の事例から、多文化共生時代における外国人学校の存在意義や外国人学校への政府・自治体の対応の問題点について考えてみたい。

朝鮮・韓国学校の設立背景と阪神教育闘争

朝鮮学校と韓国学校は、朝鮮半島が日本の植民地支配から解放されたのを契機に、南北の独立運動をそれぞれ支持する在日コリアンによって設立された外国人学校である。

朝鮮学校の前身は、一九四五年に朝鮮の解放と同時に日本各地に設立された国語講習所である。日本で祖国の解放を迎え、北側を支持する在日コリアンたちは、将来の帰国に備えて、子どもたちに母国語を教えるために学校を設立したのである。国語講習所は、やがて朝鮮学校へと発展し、二年後の一九四七年には初等学校五四一校、中等学校七校、高等学校八校を擁する全国組織に成長していった。

一方、南側を支持する在日コリアンも、祖国解放後、関西を中心に韓国系の民族学校を設立した。一九四六年には大阪に金剛学園と白頭学院が、一九四七年には京都に京都朝鮮中学校（二〇〇四年から京都国際学園に校名を変更）がそれぞれ設立された。

しかし、GHQと日本政府（文部省）はこうした在日コリアンによる民族学校の設立と民族教育の実施に否定的であった。一九四七年一〇月、GHQは日本政府に、在日コリアンを日本の教育基本法と学校教育法に従わせるよう指示し、これを受けて一九四八年一月、文部省は「朝鮮人であっても、学齢に達する者は、日本人同様、市町村立の小学校または中学校に就学させなければならない」という『通達』を出した。そして文部省は「学令児童又は学令生徒の教育については各種学校の設置は認められない」とし、一九四八年三月、朝鮮学校に「日本語による日本の教育方針に基づく私立学校」になるか、さもなくば借用校舎を明け渡すことを要求した。

こうした朝鮮学校への弾圧に対し、在日コリアンは民族教育の権利を守るという観点から、①教育言語を朝鮮語とする、②教科書は在日朝鮮人に適合するよう編集したものを使用する、③経営は学校管理組合で行う、④日本語を正課として採用するという四項目の提案を文部省に行った（小沢有作・藤島宇内『民族教育』青木書店、一九六六年、六〇ページ）。しかし、日本政府・文部省は在日コリアンへの教育基本法や学校教育法の適用を主張して譲らず、各都道府県知事に朝鮮人学校の閉鎖を命じた。

これに反発した在日コリアンは、閉鎖令の撤回を求める抗議活動を行った。特に在日コリアンが多い関西では、激しい抵抗運動が繰り広げられた。一九四八年三月二三日、「朝鮮学校を死守しよう」というスローガンを掲げて、数多くの在日コリアンが結集し大阪で三万人集会が行われ、翌二四日には兵庫でも一万人集会が行われた。日本政府は米占領軍と協議して「非常事態宣言」を発表し、二〇〇〇人近い在日コリアンが検挙されることになった。さらに三月二六日、大阪で再度行われた抗議集会の場で、デモに参加していた一六歳の金太一君が警官の発砲によって亡くなるという悲劇が起こった（金賛汀『非常事態宣言1948』岩波書店、二〇一一年、一二六〜一二九ページ）。

一九四八年五月、在日コリアンによる運動の高まりのなかで、文部省と朝鮮人中央教育委員会の間で「朝鮮人学校に就いては、私立学校として自主性が認められる範囲内で、独自の教育を行うことを前提に私立学校として認可する」という覚書が交わされる。だが、一九四九年四月に「団体等規正令」が制定されると、北朝鮮（朝鮮民主主義人民共和国）を支持する民族団体にもこの法律が適用され、朝鮮学校九二校は次々と閉鎖に追い込まれることになった。同年一〇月、文部省は再び「朝鮮学校閉鎖令」を出し、全国の朝鮮学校を閉鎖・廃校に追い込んでいった。この時点で、在日コリアンの民族学校の中で、私立学校として認可を受けたのは、韓国系の白頭学院一校のみであった。

一九五五年、総連（在日本朝鮮人総連合会）が結成されると、北朝鮮を支持する在日コリアンは再び自主学校の再建に取り組み、多くの人びとの尽力で全国一五〇の地域に朝鮮学校が設立されることになった。その後、朝鮮学校は「各種学校」として学校法人の認可を受け、現在に至っている。なお、一九五四年に韓国政府を支持する人びとの手で東京に設立された東京韓国学園も各種学校としての認可を受けている。

韓国系の白頭学院・金剛学園が日本の教育法の一条校の認可を受けたのに対し（京都国際学園は二〇〇四年から一条校になった）、朝鮮学校や韓国系の東京韓国学園が一条校の認可を受けずに「各種学校」にとどまったのは、なぜだろうか。「一条校」になると日本の検定教科書の使用が義務づけられ、母国語（韓国・朝鮮語）による母国語教育ができなかったからである。

朝鮮・韓国学校の教育目標

朝鮮学校や東京韓国学園が日本の検定教科書を使用しないといっても、教育内容はカリキュラムを見ればわかるように、日本の学校とあまり違わない。卒業生の多くが日本の大学に進学するため、教科書編纂委員会が日本の教科書を参考にして教科書に盛り込む内容を決定しているからだ。朝鮮史

表1　在日の民族学校は、必要だと思いますか

①	民団系、総連系を問わず必要である	293	(44.39%)
②	民団系に限り必要である	88	(13.33%)
③	総連系に限り必要である	3	(0.45%)
④	民団系、総連系を問わず必要がない	7	(1.06%)
⑤	どちらとも言えない	171	(25.91%)
⑥	わからない	68	(10.30%)
⑦	未記入	30	(4.55%)

出所：在日本大韓民国民団中央本部（文教局）
中央民族教育委員会
『在日同胞の子育てに関するアンケート調査報告書』：2008年7月30日、11ページ

（東京韓国学園は国史）や国語（朝鮮語、東京韓国学園は韓国語）を除けば、日本のセンター入試に充分対応できる教科内容になっている。

ただ、両校とも「豊かな知識と能力を備えた人材」を育成するだけでなく、「韓国・朝鮮人であることに誇りをもつ人材の育成」に力を入れている（川原千秋「共生社会における民族学校の課題と展望」在日本韓国人教育者協会主催『第45回在日本韓国人教育研究大会：研究要綱』二〇〇八年、七一ページ、および学校紹介パンフレット『Osaka Korean High School』一ページ）。四世・五世の世代になり、民族意識が薄れる中で、朝鮮学校も東京韓国学園も自らの民族や国家の歴史や文化を理解することが、真の国際人であるための必須条件と考えているからである。

ただこうした民族学校が本国人（韓国や北朝鮮の人びと）を目標にした国民化教育を行っているかというとそうでもない。東京韓国学園を除いて在校生の大部分が在日コリアンの四世・五世ということもあり、在日に根ざした民族教育を模索する民族教育を取り入れようとする学校もある。二〇〇八年から京都国際学園、金剛学園、白頭学院の中等部・高等部では「在日韓

国人史」の授業が行われ、在日コリアンの歴史や日本人との共生の在り方について学習する取り組みがはじまっている（金一恵「在日韓国人史の授業を通して見える子どもの変化」同上書、四六〜五七ページ）。

二〇〇八年に民団（在日本大韓民国民団）が在日コリアンの保護者を対象に行った大規模なアンケート調査では、こうした民族学校が必要であると回答した人が全体の約六割を占めた（表1：在日本大韓民国民団中央民族教育委員会『在日同胞の子育てに関するアンケート調査報告書』二〇〇八年、一一ページ）。また筆者が二〇〇七年に在日コリアン青少年（一五〜二二歳）を対象に行った民族意識調査でも、民族的な生き方を模索している若者が回答者の七割以上を占めた（詳細な分析は、本書164ページ「在日コリアンの未来予想図」を参照されたい）。このように保護者も子どもたちも民族教育の必要性を認識しているにもかかわらず、在日児童の約一割程度しか民族学校に通っていないのはなぜだろうか。もちろん民族学校自身がかかえている問題もあるだろうが、「一条校」ではないという理由で受ける制約や不利益が大きく影響してきたと思われる。

日本政府・自治体の外国人学校（朝鮮学校）への対応とその問題点

例えば、文科省は、日本の学校教育法に定める「一条校」でないという理由で、朝鮮学校卒業生を高卒扱いしてこなかった。その結果、文科省の指導下に置かれた国立大学は長い間、朝鮮学校卒業生の受験資格を認めることができなかったのである。そのため、朝鮮学校卒業生が国立大学を受験するためには、大学入学資格検定「大検」を受けて受験資格を得るか、あるいは朝鮮高校とは別に定時制の日本の高校を卒業して受験資格を得るほかなかった。

しかし、二〇〇三年に文科省が朝鮮学校など「各種学校」扱いの外国人学校の卒業生にも、各大学の判断で受験資格を認めるという新たな方針を発表したことで、朝鮮学校卒業生は大検を受験したり、定時制高校を卒業しなくても、国立大学を受験できる可能性が高まることになった。可能性が高まると指摘したのは、朝鮮学校卒業生の受験資格を認めるか否かの判断は各大学に委ねられたからである。二〇〇三年に『朝日新聞』が全国の大学に行った調査では、「朝鮮学校など外国人学校の卒業生に受験資格を与えるか」という質問に対し、「受験資格を認めない」と回答した国立大学が七校、公立大学が四校、私立大学が四四校もあった（『朝日新聞』二〇〇三年七月二日）。文科省が朝鮮学校卒業生の受験資格の判断を各大学に委ねたことで、国立大学における朝鮮学校卒業生の受け入れが進む一方で、彼らを受験資格の段階で拒絶する大学が生み出されることになったのである。

また「各種大学」として認可されている朝鮮学校は、「一条校」を主な対象にした国からの教育助成金がまったく受けられない。地方自治体の教育助成も限られている。私立学校生徒一人あたりの助成金額は、自治体によって異なるが、「一条校」の私立学校の場合、小・中・高全国平均で二五～三〇万円に対し、「各種学校」扱いの朝鮮学校は小・中・高全国平均で八万円という低水準にとどまっている。

授業料だけでは学校を運営できない朝鮮学校としては、在日コリアン商工人からの寄付金に頼る他ない。ところが、「各種学校」への寄付行為は税制上「損金」として認められてこなかったため、朝鮮学校関係者は寄付金を集めるのにたいへん苦労したという。二〇〇三年、日本政府は法人税法と所得税法を改定し、「初等教育または中等教育を外国語により施す各種学校」を「特定公益増進法人」に追加し、一部の外国人学校にも税制上の優遇措置が適用できるようになった。しかし、文科省はその対象を「政府が認めた欧米の四つの評価機関の認定を受けた」インターナショナルスクールに限定したため、朝鮮学校は再び税制上の優遇措置から排除されてしまったのである（田中宏「国際化に逆行する外国人学校の資格問題」『潮』二〇〇三年七月号）。

このほかにも、朝鮮学校の生徒たちは、「一条校」でないために、日本育英会の奨学金をもらえず、「一条校」に在籍していれば留学生でも参加できる国体（国民体育大会）に参加できないなど、数多くのハンディを背負わされている。二〇一〇年四月にはじまった高校無償化についても、朝鮮学校への適用をめぐっては北朝鮮の韓国への砲撃事件をきっかけに政府内から反対意見が出たため、文科省は適用を先送りしている。また橋下大阪府知事（当時）も教科書の記述に問題があるなどとして、朝鮮学校に府独自の補助金を出すことに慎重な姿勢を続けている。

むすびにかえて

日本政府は、今のところ外国人学校を正規の学校として認めていない。そのため国庫助成が行われていない。すでに論じたように、同じ外国人からの寄付に支えられている外国人学校で、欧米系の学校は寄付金の減免措置を受けられるようになったが、同じ各種学校として認可されている朝鮮学校・韓国学校は対象から除外されたままだ。

日本の学校に通う子どもたちは、公立学校で無償の義務教育が保障され、私立学校への助成も手厚い。しかし、外国籍の保護者が母国語と母国の文化の継承を願い、外国人学校に行かせると、たちまち公的支援から見放されてしまう。在日外国人が急増し、朝鮮学校や韓国学校をはじめ外国人学校での教育を望む外国籍児童が増加し続けているにもかかわらず、そうした学校が公的支援から排除され続けるのは、在日外国人の民族教育権を無視するものであり、多文化共生社会への歩みに逆行するものである。グローバル化がさらに進展し、外国人定住者がこれからも増加していくことを考えると、日本社会も「国民（日本人）化」教育だけでなく、「多文化教育」を重視していく必要性に迫られているが、その中で最も急務の課題は外国人学校への対応の見直しであると思われる。日本政府や自治体に外国人学校への誠意ある対応を望みたい。

（出所：『解放教育』二〇一一年一〇月号）

民族教育における自由主義と共同体主義のジレンマ

――宋基燦『「語られないもの」としての朝鮮学校――在日民族教育とアイデンティティ・ポリティクス』（岩波書店、二〇一二年）を読んで

本書の意義

本書で取り上げられている朝鮮学校は、在日コリアンの子どもたちの民族教育のために日本国内に設立された外国人学校である。国内の外国人学校には、朝鮮学校以外にも韓国学校、中華学校、ブラジル人学校などがあるが、朝鮮学校の設立は一九四七年（前身の国語講習所は一九四五年設立）、初級学校、中級学校、高級学校を含めると全国に一二〇校余りあり、学生数も約一万一〇〇〇人と、日本で最も歴史があり、かつ規模の大きい外国人学校である。歴史的に北朝鮮国家と強いつながりをもつ朝鮮学校は、日朝関係の歴史に翻弄されてきた。特に二〇〇〇年以降は、核実験、ミサイル発射、拉致問題など日朝間の摩擦が激化するたびに、朝鮮学校や朝鮮学校生への嫌がらせ事件が頻発してきた。二〇一〇年から始まった高校授業料の無償化についても、朝鮮学校への適用をめぐっては、日朝関係の現状に配慮し、文科省は適用を先送りしている。

このように日朝関係がリアルに投影された朝鮮学校は、北朝鮮という国家の対日政策を解明する上

でも、日本政府の在日コリアン政策を理解する上でも、また在日コリアンの民族教育の実態を解明する上でも重要な研究テーマであったにもかかわらず、日本の学会では小沢有作氏の文献を除けば、本格的な研究は行われてこなかった（注1）。

本書は、人類学を専攻する韓国人の著者が、二〇〇一年から三年間に渡って大阪の朝鮮学校で行った度重なる参与観察とフィールドワークを基に朝鮮学校における民族教育の実態に迫った労作である。このようなことを書くと、またありふれた参与観察とフィールドワークかと思う読者がいるかもしれない。だが、韓国からやってきた著者が、北朝鮮やその下部組織である朝鮮総連の影響下にある朝鮮学校で長期にわたる参与観察を行うことは、たいへん勇気がいる行動であり、同時にそこにいる人々と信頼関係を築くことはたいへんしんどい作業であると想像される。南北分断後、北朝鮮と対峙してきた韓国には、ながらく「国家保安法」というものが存在し、その法律には「韓国の国民が北朝鮮の関係者と会合をもつことを禁ずる条項（本書、二三頁）があり、筆者が朝鮮学校を訪問するのは同法に抵触する危険性があったからだ。金大中《キムデジュン》政権下の太陽政策で、韓国人と北朝鮮の人々との接触はかなり緩和されたといえ、筆者が韓国人研究者として禁断の学問領域に飛び込んだことは間違いない。

民族学級の功罪

本書の考察の対象は、朝鮮学校における民族教育だけではない。第1章「民族教育の光と影」では、日本の公立小中学校で実施されてきた「民族学級」における民族教育について興味深い考察が行われている。

在日コリアンの多い大阪を中心に日本の公立小中学校で放課後に実施されてきた「民族学級」では、在日コリアンの子どもたちが週一回集まって、本名（民族名）使用の大切さや、簡単な韓国語での挨拶、朝鮮舞踏などを学ぶ。その目的は、通名（日本名）を名乗って、民族的出自を隠して通学している在日コリアンの子どもたちに「朝鮮人・韓国人として誇りをもって生きていく」力を養うことである。

在日コリアンの二世・三世の多くは、日本社会の激しい民族差別の中で、朝鮮人や韓国人であるという民族主体性を否定され、「日本人」の仮面を被って生きることを余儀なくされてきた。こうした日本社会からの同化の圧力に対抗していくためには、日本名ではなく本名（民族名）を名乗り、失われた母国語を学ぶことで、はじめて負の意識を克服し、まっとうな人間として生きていける。こういった考え方の下に、「民族学級」では「日本人との区別に基づく誇りの創出」（本書、七三頁）を目指すアイデンティティ・ポリティクス型の民族教育が展開されてきた。

だが、「奪われたものを取り戻す」民族学級での本名や国籍・母国語重視の民族教育も、日本社会の国際化にしたがって在日コリアンを取り巻く民族境界の地形図が急速に変化する中、深刻な危機に直面していると、筆者は主張する。日本籍コリアンの増加、父母両系を認めた国籍法の改訂、日韓ダブルの増加などによって、これまでの民族学級が模範としてきた在日コリアンの範疇におさまりきれない人々が数多く出現しはじめたからである。筆者は「在日コリアンの児童たちに、自分のルーツを知り、それに対する自負心を持つこと」を民族学校は要求してきたが、こうした「アイデンティティ・ポリティクスとしての民族教育は、民族運動内部における『民族』概念の『ズレ』を認めない限り、多様な『個人』を抑圧する共同体主義の暴力に堕してしまう」（本書、一〇八頁）と、従来の「民族学級」型民族教育の限界性を指摘する。

朝鮮学校の可能性

では、「日本社会の都合を優先する多文化共生教育に回収されずに、共同体主義をうまくかわしながら、ある程度の能動性のある主体の可能性を見いだす[注2]」民族教育の場はないのだろうか。そうした可能性をもつ民族教育の舞台こそ朝鮮学校であると、筆者は言う。

第2章「朝鮮学校という空間」、第3章「実践共同体としての朝鮮学校」では、朝鮮学校における参与観察とフィールドワークを通じて、これまでよくわからなかった朝鮮学校における民族教育の実態やそこで学ぶ在日コリアン児童のしたたかな生き方が描かれている。朝鮮学校には、多くの読者が想定するように「時代遅れの国家主義に基づいた教育現場、硬直性に満ちた古い教育、なにより北朝鮮の思想を生徒に教え込む恐ろしい所」という印象がある。しかし、実際に朝鮮学校の教育現場に入って観察してみると、「そうした国家主義の言説は外部からの視線とは違う方向に機能している」（本書、一四七頁）と、筆者は指摘する。

筆者は、その一例として朝鮮学校における徹底した朝鮮語教育とそれに対する生徒たちの柔軟な対応をあげている。朝鮮学校では、学校内では許された講義を除き、朝鮮語以外の言語は使用しないことを徹底するために、「指摘事業」と呼ばれる相互監視システムが導入されている。生徒はお互いの言語を監視し、友人から指摘を受けた日本語は紙に書かれて「ゴミ箱」に入れられる。このとき、朝鮮学校の生徒はお互いの日本語使用を激しく批判する。しかし、校門を出るや彼らの会話は一転、日本語モードに変わり、批判しあった仲間との友情関係は回復する。

筆者は、朝鮮学校の内と外での日常言語の価値分裂という矛盾を、朝鮮学校の生徒たちがそれぞれの舞台での「演技」を通じてしなやかに乗り切る術を身につけていることを、参与観察を通じて発見する。名前もまた同様である。朝鮮学校と学校外の日常という二つの舞台の上で、彼らは民族名と通名（日本名）を巧みに使い分けているという。実際、多くの朝鮮学校の生徒・卒業生と接してきた評者も、彼らの多くが、こうした二重性を否定せず、むしろそこからもたらされる矛盾を楽しんでいるようにみえるときもある。こうした「二律背反の共存」こそ、朝鮮学校という実践共同体の特質であり、そこで育まれた「主体のアイデンティティ・マネージメント」力（本書、二二九頁）に、筆者は民族教育の新たな可能性を見い出すのである。

民族教育における自由主義と共同体主義のジレンマ

朝鮮学校における独自の民族教育はどのように行われているのか。筆者の参与観察から得られた発見には、朝鮮学校内部の人間にしかわからない「民族実践のメカニズム」が数多く紹介されている。規律としての「朝鮮語一〇〇％生活化運動」、女子学生の制服であるチマチョゴリへの生徒たちのこだわり、「首領」・「指導者」の肖像画の意味、組織としての少年団の役割、集団歌の働き、民族教育の成果を見せる場としての運動会や芸術公演の機能など、本書には、朝鮮学校の生徒たちが「民族」を「身体化」していく民族教育の実践過程がリアルに描かれており、民族教育に関心をもつ評者にはたいへん勉強になった。

ただ、本書で最も重要な論点は、おそらく民族教育をめぐる自由主義（リベラリズム）と共同体主義（コミュニタリアニズム）のジレンマという課題であろう。筆者は、「アイデンティティ・ポリティクスとしての民族教育は、民族運動内部における『民族概念』の『ズレ』を認めない限り、多様な『個人』を抑圧する共同体主義の暴力に堕してしまう。しかしだからと言ってその『ズレ』を認め、それに従った戦略変更を実践するならば、マイノリティーの防衛というアイデンティティ・ポリティクスの武装解除に繋がりかねない（本書、一〇八頁）と述べ、民族教育における自由主義と共同体主義のジレンマに切り込んでいる。

実際、在日コリアンの民族運動において硬直的な民族アイデンティティが過度に強調されてきた結果、日本籍を取得する在日コリアン、ダブルなどに対する差別と排除が生まれ、共同体主義の行き過ぎを警告する論稿も少なくない(注3)。その一方、公立学校の民族学級で展開されている多文化共生の民族教育は、自由主義に基づく多民族共生を志向するあまり、民族教育内部の共同体要素を廃棄した結果、日本社会の共同体イデオロギーを逆に強化しているとし、民族教育現場における共同体主義が崩壊の危機に直面していると筆者は指摘している（本書、一〇三〜一〇五頁）。

そうした状況の中で、筆者は、朝鮮学校という特殊な民族教育空間で培われた、「アイデンティティを本質化することもなく、だからといって、解体することもなく、綱渡りをするようにうまく均衡をとりながら、この世を渡っていく『主体のアイデンティティ・マネージメント』（本書、一二九頁）に民族教育が直面してきた矛盾解決の糸口があるという。

しかし、朝鮮学校という特殊かつ限られた時間空間で培われた「主体のアイデンティティ・マネージメント」力は、彼らが卒業後、「レイシズム的な暴力が再生産され続けている」日本社会に放り出されたとき、どうなるのか。「二律背反が共存する」学校や教室ではなく、長い人生の大半を占める職場や労働の現場のなかで、彼らのアイデンティティ・マネージメント力は、日本社会に残存する植民主義の支配力に抵抗する力をもちえるのか、彼らの卒業後の生き方が気になるところである。

本書への疑問

評者は、かつて朝鮮学校の民族教育について、次のような問題点を指摘したことがある。「(朝鮮学校の)生徒たちは日本人生徒から隔離された環境のなかで民族教育を満喫することができたが、その一方で日本人生徒と友情を育んだり、(学校内で)彼らとのエスニック・コンフリクトを体験する機会に恵まれないため、卒業後は日本社会への適用が困難になることが少なくない。……私は、これからの民族教育はこうした隔離教育ではなく、日本人を交えた「共生」教育という形態で実施されるべきであると考えている。なぜなら在日コリアンが日本名を名乗ったり、出自(ルーツ)を隠したりするのは、自分自身が在日コリアンという立場に誇りが持てないという内的要因に加えて、外的な要因、すなわち日本人との不正常な関係のあり方に大きく左右されているからである。……朝鮮学校における『隔離』教育では内的要因はクリアできても、日本の学校で常態化している民族差別という外的要因に対する抵抗力を育てることができない。また何よりも在日コリアンが「隔離」されているかぎり、彼らを取りまいている日本人の意識改革はできるはずもない。問題は、在日コリアンの子どもたちに日本人の前で自らの出自を隠さない姿勢を養うと同時に、それを迎え入れる日本人生徒の異文化理解を深めていかなければ、結局、在日コリアンの受け皿である日本社会は変わらないということだ。したがって民族教育のもう一つの課題は、在日コリアンの生き方に影響を与えている小・中・高等学校の日本人教師ならびに日本人児童に対する異文化教育あるいは多文化教育にある」(注4)

これは、評者が一四年前に書いた著書からの引用である。今から読み返してみると、ずいぶん乱暴な議論であり、公教育における多文化共生教育型の民族学級を批判し、朝鮮学校の可能性を追及する本書の主張とまっこうから対立しているように見える。しかし、評者がここで一番言いたかったことは、在日コリアンを対象にした民族教育も、一方で日本人の意識改革を迫る多文化共生教育が伴わなければ、展望がないということである。その意味で、多くの在日コリアンの受け皿になっている民族学級も、日本人の単一民族意識に変革を迫る多文化共生教育も、依然その役割は重要であると、評者は考えている。そうした評者を含めて、日本の公教育現場における多文化共生教育や民族教育の現場を視察してきた人たちには、本書の以下の叙述も気になるところである。

「在日コリアンの児童たちに、自分たちのルーツを知り、それに対する自負心を持つことを民族学級は要求する。しかし、果たして、『自分のルーツに対する自負心』が、公式的教育課程を通じて強化されるネイションとしての『日本人』のイメージを超えることができるだろうか？　残念ながら、その可能性は非常に低く思える」(本書、一〇六頁)

評者もまた在日コリアンが「民族名」や自分の「ルーツ」を大切にすることを主張してきた在日学者の一人であるが、筆者のこうした「民族学級型民族教育」批判には違和感を感じる。「自分のルーツに対する自負心」がなぜ「日本人のイメージ」を超えなければならないのか、よくわからない。在日コリアンの未来には、①日本国籍を取得して、日本人として生きる、②日本国籍を取得しても、コリア系日本人として生きる、③韓国・朝鮮籍のまま在日コリアンとして生きるなど、多様な選択肢があり、その方向性を選択するのは、彼らの自由であるからだ。ただし、そうした選択の自由が保障されるのは、自らのルーツや民族名にこだわって生きるコリア系日本人や韓国・朝鮮籍を持って生きようとする在日コリアンに不利益がかからないことが、前提条件である。

在日コリアンが多様化する今日、「日本籍を取得しつつも、民族名やダブル・ネームを名乗ったり、民族的ルーツを大切にする」行為などは、彼らが厳しい日本社会を生き抜いていく上での「アイデンティティ・ポリティクス」の一つであろう。また、厳しい社会状況にある在日コリアンが、生きるための選択肢として自ら主体的に日本名を名乗ることも、日本国籍を取得することも、「柔軟なアイデンティティ」として認める寛容さが在日コリアン社会にも求められている。そして同時に、在日コリアンが民族名を名乗っても、韓国・朝鮮籍を維持しても、民族的ルーツを隠さないでも、不利益を受けない社会システムを構築していく寛大さが、日本人にも問われているのではないだろうか。

本書は、朝鮮学校の可能性とともに、民族教育とは何か、多文化共生教育とは何かを、改めて読者に問いかけている。本書をきっかけに、そうした論争がさらに発展していくことを期待したい。

注

(1) 朝鮮学校の民族教育に関する優れた研究書として、小沢有作・藤島宇内『民族教育——日韓条約と在日朝鮮人の教育問題』（青木書店、一九六六年）、小沢有作『在日朝鮮人教育論――歴史編』（亜紀書房、一九七三年）などがある。

(2) 伊地知典子「書評：宋基燦『「語られないもの」としての朝鮮学校――在日民族教育とアイデンティティ・ポリティクス』岩波書店、二〇一二年」国際高麗学会日本支部『コリアン・スタディーズ』創刊号、二〇一三年

(3) 金泰泳「在日韓国・朝鮮人アイデンティティの両義性」『木野評論』三三号、二〇〇二年

(4) 朴一『〈在日〉という生き方』講談社、二〇〇九年、二三七〜二三八ページ

（出所：『現代韓国朝鮮研究』第一三号、二〇一三年）

在日コリアンの未来予想図

――在日新世代のエスニック・アイデンティティの変化をどうみるか

はじめに

朝鮮半島にルーツをもつ在日コリアンが、日本に渡ってきてからほぼ一〇〇年。すでに在日コリアンの社会は、朝鮮半島に生まれながら異国日本での生活を余儀なくされた一世から、日本で生まれ育った二世・三世・四世の時代に移行し、在日コリアンを取り巻く社会環境も大きく変化してきた。

変化の一つは、在日コリアンの公民権運動によって、定住外国人への制度的差別がかなり緩和されたことである。一部の人々を除いて在日コリアンにも社会保障が適用されるようになったり、(注1)外国人登録証への指紋押捺義務がなくなったり、(注2)在日コリアンが就きたくても就けなかった職業（弁護士、看護師、公務員一般職、国公立大学の教授、公立学校の教員など）に就けるようになった。(注3)

もう一つの変化は、韓国の対日文化開放政策と日本での韓流ブームによって、日韓の文化交流が進展し、日本人の韓国に対するイメージが大きく変わったことである。韓流ブームは、日本人の韓国に対する従来のマイナス・イメージをプラス・イメージに変えただけでなく、在日コリアンに対するイメージアップにも貢献してきた。

こうした在日コリアンを取り巻く環境の変化は、在日の新しい世代の民族的アイデンティティにどのような変化を及ぼしてきたのだろうか。本稿では、筆者が関わった二つの意識調査を手掛かりに、在日コリアン新世代のエスニック・アイデンティティの変化を彼らの生き方という視点から考えてみたい。

I　先行研究の課題と問題意識

在日コリアン「同化・消滅」説

在日コリアンの世代交代によるエスニック・アイデンティティの変化については、これまで「在日コリアンは若い世代ほど同化（日本人化）しつつある」という「同化＝日本人化」説が、在日社会の中で繰り返し主張されてきた。

例えば、在日コリアン研究の第一人者とも言える神奈川大学の尹健次《ユンコォンチャ》教授は、かつて「（在日）朝鮮人は意識するしないにかかわらず、すでに日本人に歩み寄りすぎており、いまや民族主体性の喪失による『同化・帰化』の崖っぷちにたたされている」（尹健次『異質との共存』岩波書店、一九八七年）とし、在日コリアン二世・三世が「民族性」を失いつつあると論じたことがある。

また歴史家の姜在彦《カンジェオン》も、「在日同胞の日本生まれの世代の大多数は、すでに言葉、生活文化など民族的特性を失っても、辛うじて『国籍』を民族的アイデンティティのよりどころにしている」（姜在彦「在日同胞の将来像」『統一日報』一九九五年八月一五日）と述べ、国籍は除いて、在日コリアン二世・三世の民族的特性は失われたと述べている。

姜在彦は、国籍こそが在日コリアンのエスニック・アイデンティティの最後の砦であると逆説的に主張しているが、韓国・朝鮮籍を維持する在日コリアンも、近い将来消滅するという以下のような見解もある。

「九〇年まで五千人を前後していた日本への帰化者の数は九二年には七千人台に急増、九三年には七六九七人に達した。……在日の数は六十五万人前後と推定されるから、このトレンドが続けば、二十一世紀半ばに在日はほぼ消滅する」(小林慶二「帰化で揺れる民族か利便か」『AERA』一九九五年一月一六日)

「このままいくと、在日は韓国籍、朝鮮籍の人は毎年一万人ずつ減っていく。あと数十年以内にほとんどゼロになる」(坂中英徳「在日韓国・朝鮮人の現状と未来は」『毎日新聞』一九九九年四月三日)

先行研究の問題点

こうした見解は、いずれにしても日本生まれの在日コリアンが、名前、言葉、国籍、生活文化などのコリアンとしての民族的特性を失いつつあり、このまま「同化＝日本人化」現象が進んでいけば、在日コリアンは「消滅」する可能性を示唆したものである。在日社会を支配してきたこうした言説に信憑性はあるのだろうか。日本生まれの在日コリアンは、世代交代が進むにつれ、本当に「同化＝日本人化」が進行しているのだろうか。

残念ながら、こうした見解の大部分は、実証的に裏づけられたものではなく、言説のみが一人歩きしてきた傾向が強い。上記の発言も、一定数の在日コリアンを対象に調査を行い、彼らのエスニック・アイデンティティの実態をデータから結論づけたものではなく、在日コリアンの多くの人々の間で語られ、信じられてきたものであると言える。

もちろん、在日コリアンを対象にした実証研究がなかったわけではない。在日コリアンに関する先行研究の中にも、①神奈川県内外国人実態調査委員会編『神奈川県内在住外国人実態調査報告書――韓国・朝鮮人、中国人について』（一九八五年）、②京都大学教育学部比較教育学研究室編『在日韓国・朝鮮人の民族教育意識』（明石書店、一九九〇年）、③福岡安則・金明秀『在日韓国人青年の生活と意識』（東京大学出版会、一九九七年）など、いくつかの優れた実証研究が存在する。

ただし、こうした実証研究の多くは、①のように在日コリアンについて総括的に調査したものか、②③のように在日コリアンの特定の世代を対象に分析したものが多く、世代間比較の視点が欠落してきた。そのため、これまでの研究では、三世が二世に比べ「同化＝日本人化」がどの程度進展しているのかということは判らなかった。

II　アンケート調査を通じた世代間の比較

九八年「調査」の概要と世代設定

私は、こうした先行研究の問題点を克服するため、一〇年ほど前（一九九八年）、ある自治体で実施された在日コリアンを含む外国籍住民を対象に大規模な意識調査に、アンケートの作成段階から参加したことがある。調査地域は兵庫県伊丹市全域。調査対象は在日コリアン（韓国籍・朝鮮籍住民）を含む一八歳以上の外国籍住民で、標本数は調査対象者の性別・年齢別構成比をもとに、全世帯から一名を抽出し、一八二二名となった。このうち、韓国・朝鮮籍の在日コリアン該当者は一三二六名で、外国籍住民全体の七三パーセントを占めた。

アンケートの質問は、近年来日したニューカマーも在住しているため、日本語版と併せてハングルや他の外国語版も準備し、郵送による配布と回収を行った。調査対象者のうち、韓国・朝鮮籍住民から回収された調査票は、三〇八名で、回収率は二三・二パーセントであった。

アンケートの結果・分析については『伊丹市外国人市民アンケート調査資料編』（伊丹市、一九九九年）を参照していただきたいが、ここでは、本稿の論点を明確にするために、今一度この調査結果を現時点から総括してみたい。まず母集団であるが、一〇年前（一九九八年）の調査であることと、当時の世代設定が不明確であったことを考慮し、以下のように母集団を再分類してみた。

当時六〇歳以上（現在七〇歳以上）*：一九三〇年代以前に生まれた者：一世および前期二世
当時五〇代（現在六〇代）：一九四〇年代生まれ：中期二世
当時四〇代（現在五〇代）：一九五〇年代生まれ：後期二世および前期三世
当時三〇代（現在四〇代）：一九六〇年代生まれ：中期三世
当時一八歳〜二九歳以下（現在二八歳〜三九歳）：一九七〇年代生まれ：後期三世および前期四世

＊本稿の「現在」とは二〇〇八年時点である。

同アンケート結果に基づいて発表した論稿（拙稿「同化と異化の狭間」『在日という生き方』講談社メチエ、一九九九年）では、朝鮮半島で生まれた者が過半数を占めていた当時六〇歳以上（現在七〇歳以上）の人を一世と規定していたが、当時六〇歳前半の在日コリアンの読者から、自分は半島で生まれた一世ではなく日本生まれの二世だという御批判を頂戴した。その後調べてみると、日本生まれの二世といっても、一九三〇年代に生まれた前期二世から一九五〇年代生まれの後期二世まで、ずいぶん幅があることが判った。ここで、二世、三世、四世を生まれた年代によって前期、中期、後期と分類したのは、生まれた時代背景を異にする前期〜後期各世代の在日コリアンの意識の違いや、世代交代によるアイデンティティの変化をより動態化するためである。

国籍、名前、言語から見た世代間比較

この調査データから、同化（民族化）傾向を示すいくつかの指標（国籍、名前、母国語の理解度）に基づいて、改めて再分類した世代間で比較した結果を整理すると、次のように総括できる。

まず国籍だが、「国籍についての考え」を問うた図表1－1を見ると、一九四〇年代以降に生まれた五〇代以上（現在六〇代以上）は「母国籍でいたい」が「日本国籍を取得したい」を上回っているが、一九六〇年代・五〇年代に生まれた三〇代〜四〇代（現在四〇代〜五〇代）では逆に「日本国籍を取得したい」が「母国籍でいたい」を凌駕している。ここまでの世代（一世〜中期三世）では、「同

化」説で言われてきたように、年齢が下がるにつれ「日本国籍を取得したい」比重が高まっている。

しかし、二九歳以下（現在三九歳以下）の世代（後期三世・前期四世）になると、三〇代（現在四〇代）よりも「母国籍でいたい」比率が約一〇パーセント上昇して四〇・七パーセントを占め、逆に「日本国籍を取得したい」比率が約一〇パーセント減少して、「母国籍でいたい」とほぼ同比率になっている。こうした後期三世・前期四世の国籍に対する意識の変化は、これまで信じられてきた「世代が若くなるにつれ、日本国籍を取得しようとする者が増える」という言説に再考を促していると言えるだろう。

次に名前であるが、図表1－2からさらに興味深い事実が読み取れた。六〇歳以上（現在七〇歳以上）を除けば、依然として日本名の使用者が多いとはいえ、年齢層が若くなるにつれ、民族名の使用者（「いつも民族名を名乗っている」＋「民族名を名乗ることが多い」）の比率が高まっていることがわかる。二世が多くを占める五〇代（現在六〇代）や四〇代（現在五〇代）では民族名の使用者は約七パーセントであるが、ほぼ三世に該当する三〇代（現在四〇代）になるとその比率は約一六パーセントになり、四世の世代に突入した二〇代（現在三〇代）になるとその比率は二一パーセントまで上昇している。こうしたデータは、「若い世代ほど日本名を使う傾向にある」という従来の言説が誤りで、むしろ民族名の使用という面に限ってみれば、若い世代ほど「民族回帰」現象が起こっていると言えるのではないだろうか。

最後に同化説の有力な根拠になってきた母国語に対する理解度を見てみよう。図表1－3から、世代が若くなるにつれ「母国語ができる」と答えた層が拡大していることが判る。とりわけ、五〇代

図表1−1　世代別に見た在日コリアンの国籍に対する考え方

（出所：『伊丹市外国人市民アンケート調査』伊丹市、1999年3月）

	29歳以下	30代	40代	50歳	60歳以上
これからも母国籍でいたい	40.7%	30.2%	46.3%	55.8%	69.2%
将来は日本国籍を取得したい	42.0%	52.8%	48.1%	32.6%	23.1%
その他	4.9%	3.8%	1.9%	——	——
わからない	12.3%	13.2%	3.7%	11.6%	7.7%

図表1−2　在日コリアンは、民族名と日本名のうちどちらを名乗っているか

（出所：図表1−1と同じ）

	29歳以下	30代	40代	50歳	60歳以上
いつも民族名を名乗っている	7.0%	5.5%	5.4%	4.7%	13.2%
民族名が多いが、ときに日本名を名乗ることがある	14.0%	10.9%	1.8%	2.3%	19.1%
日本名が多いが、ときに民族名を名乗ることがある	23.3%	18.2%	30.4%	46.5%	20.6%
ほとんど日本名を名乗っている	55.8%	63.6%	60.7%	44.2%	44.1%

図表1−3　在日コリアンの母国語（ハングル）に対する理解度

（出所：図表1−1と同じ）

	29歳以下	30代	40代	50歳	60歳以上
理解できる	22.1%	16.4%	19.6%	9.3%	35.3%
だいたいできる	9.3%	10.9%	26.8%	23.3%	17.6%
あまりできない	18.6%	16.4%	21.4%	39.5%	26.5%
できない	50.0%	56.4%	30.4%	25.6%	16.2%

（現在六〇代）と二九歳以下（現在三九歳以下）の世代を比較すると、五〇代（現在六〇代）の二世よりも二九歳以下の後期三世・前期四世の方が「理解できる」と答えた割合が二倍以上膨らんでいる。こうしたデータは、「若い世代ほど母国語が理解できない」という言説が現実を反映していないことを物語っている。

III　在日コリアン四世のエスニック・アイデンティティ

名前、国籍、言語から見た新世代の動向

このように、今から一〇年前に行った調査では、中期三世（現在四〇代）までは、国籍、名前、母国語の理解度において同化傾向が強くなるが、一九七〇年代に生まれた後期三世、前期四世（現在の三〇代）になると、母国籍（韓国・朝鮮籍）への執着度、民族名の使用率、母国語の理解度などいずれの面でも民族化傾向を示す数値が高まっていることが判った。では一九八〇年代以降に生まれたさらに新しい世代ではどうだろうか。こうした在日コリアンの民族化傾向は一時的な現象なのか、それともさらに新しい世代（中期四世）にも見られる持続的な潮流なのか、興味深いところである。

私は新世代の動向を調査するため、昨年（二〇〇七年）七月、朝鮮奨学会[注4]のサマーキャンプに北海道から九州まで全国各地から集まった在日コリアン青少年（高校生・大学生）を対象にアンケート調査を実施した。一〇〇名のアンケート回答者から回収された有効調査票は九〇名で、このうち韓

図表2－1－A　あなたは民族差別を受けたことがありますか。
（出所：2007年８月、筆者が在日コリアン青少年90名を対象に行ったアンケート調査結果）

	人数（人）	%
ある	26	28.9
ない	64	71.1
総数	90	100

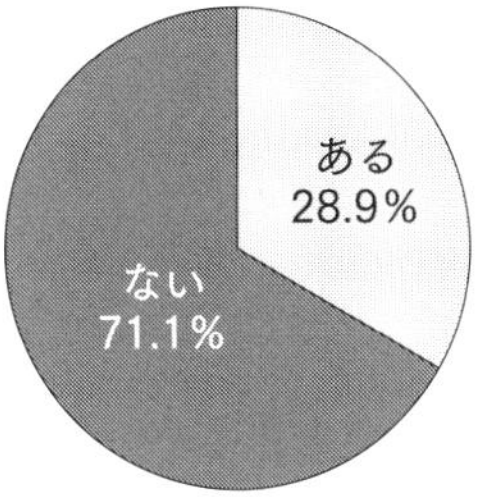

図表2－1－B　どのような民族差別を受けましたか。
（出所：図表2－1－Aと同じ）

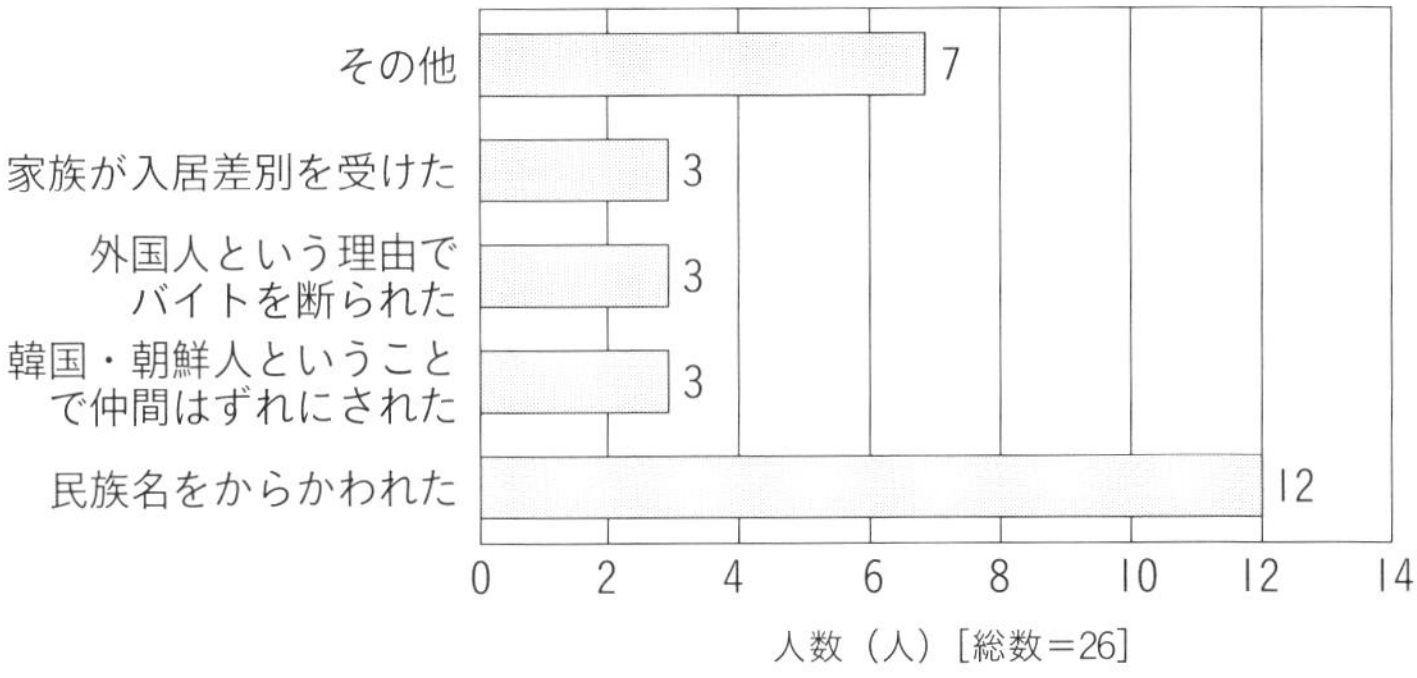

国・朝鮮籍が八七名で日本籍は三名であった。回答者の年齢は、一九九二年〜八五年に生まれた一五歳から二二歳。先の調査の一九七〇年代に生まれた世代を後期三世・前期四世とするなら、彼らは在日コリアンの中期四世に該当する世代である。

在日二世・三世の世代は、日本人から受けた民族差別を通じて自分が在日コリアンであることを自覚するという、いわば被差別体験の裏返しとしての民族意識をもっていた人たちが多かったが、この世代ではどうか。「韓国人や朝鮮人として差別を受けた経験がありますか」という質問に対し、二八・九パーセントが「差別を受けたことがある」と回答している（図表2－1－A）。「どのような差別を受けましたか」という質問では、「民族名をからかわれた」「韓国・朝鮮人ということで仲間はずれにされた」という回答が多かったが、「外国人という理由でバイトを断られたり、「家族が入居差別を受けた」という雇用差別や入居差別を体験している者もいた（図表2－1－B）。一世から中期三世の世代では、こうした差別を回避するために日本名（通名）を名乗ったり、日本国籍を取得する傾向が強かった。一九八〇年代の半ば以降に生まれた新しい世代は、名前や国籍とどう向き合おうとしているのだろうか。

まず名前だが、「民族名（韓国・朝鮮名）、日本名どちらを名乗っていますか」という質問では、民族名使用者（いつも民族名＋民族名が多い）が実に全体の四四パーセントを占めている（図表2－2）。一九七〇年代生まれの三世、四世（民族名使用率二一パーセント）以上に、この世代では民族名使用率が著しく高まっていることが判る。

国籍はどうか。「将来、日本国籍を取得したいと思いますか」という質問に対し、日本籍の取得を希望する者は全体の九パーセントしかおらず、日本籍の取得に否定的な意見が全体の六割を占めている（図表2－3）。この世代でもまた、日本籍取得希望者が四二パーセントを占めた一九七〇年代生まれの三世・四世（これからも母国籍でいたい四一パーセント）と比べると、日本籍の取得に意欲的な者が減少する一方、母国籍を維持していこうという層が拡大している。

以上のデータを見ると、名前や国籍で差別にさらされながらも、彼らが在日コリアンとしての立場から逃げることなく、民族のアイデンティティである名前や国籍を大切にしながら生きようとしてい

図表2－2　あなたは民族名と日本名、どちらを名乗っていますか。

（出所：図表2－1－Aと同じ）

	人数（人）	%
いつも民族名を名乗っている	31	34.4
民族名を使うことが多い	9	10.0
日本名を使うことが多い	12	13.3
ほとんど日本名を使っている	34	37.8
その他	4	4.4
総数	90	100.0

図表2－3　将来、日本国籍を取得したいと思いますか。

（出所：図表2－1－Aと同じ）

	人数（人）	%
はい	8	9.2
いいえ	54	62.1
よくわからない	25	28.7
総数	87	100.0

図表2－4　あなたは韓国・朝鮮語がどのくらいできますか。

（出所：図表2－1－Aと同じ）

	人数（人）	%
理解できる（流暢に読み書きができる）	17	18.9
だいたいできる（ある程度の会話ならできる）	15	16.7
あまりできない	24	26.7
まったくできない	33	36.7
未回答	1	1.1
総数	90	100.0

図表2－5　一番好きな料理はなんですか。

（出所：図表2－1－Aと同じ）

	人数（人）	%
韓国料理	38	42.2
日本料理	17	18.9
中華料理	11	12.2
その他	12	13.3
未回答	12	13.3
総数	90	100.0

図表2－6　自分をどういう存在だと思いますか。

（出所：図表2－1－Aと同じ）

	人数（人）	%
紛れもない韓国・朝鮮人	18	20.0
本国人とは異なる在日韓国・朝鮮人	48	53.3
韓国・朝鮮人でも日本人でもない	9	10.0
日本人に近い	12	13.3
その他	2	2.2
未回答	1	1.1
総数	90	100.0

図表2－7　あなたは将来どのような進路を選択しますか。

（出所：図表2－1－Aと同じ）

	人数（人）	%
日本国籍を取得し、日本人として生きる	4	4.4
日本国籍を取得しても、日本でコリア系日本人として生きる	10	11.1
韓国・朝鮮籍のまま、在日韓国・朝鮮人として生きる	54	60.0
祖国に戻って暮らす	4	4.4
その他	13	14.4
未回答	5	5.6
総数	90	100.0

ることが判る。

中期四世の民族志向は、言語や食文化の面からも確認できる。図表2－4から、母国語の理解者（理解できる＋だいたいできる）は全体の三五・六パーセントを占めていることが判るが、この数値は先に見た一九七〇年生まれの三世・四世（母国語の理解者三一パーセント）をさらに上回っている。後期三世に入って高まった母国語学習熱が中期四世の世代にも引き継がれているといえる。また「最も好きな料理は」という質問に対し、韓国料理を嗜好する者が全体の四割以上を占め、日本料理や中華料理を凌いで最も支持を集めている（図表2－5）。食文化の面でも新世代の民族志向が窺えるのではないだろうか。

図表2－8　最も重要なエスニック・シンボルは（複数回答可）

（出所：図表2－1－Aと同じ）

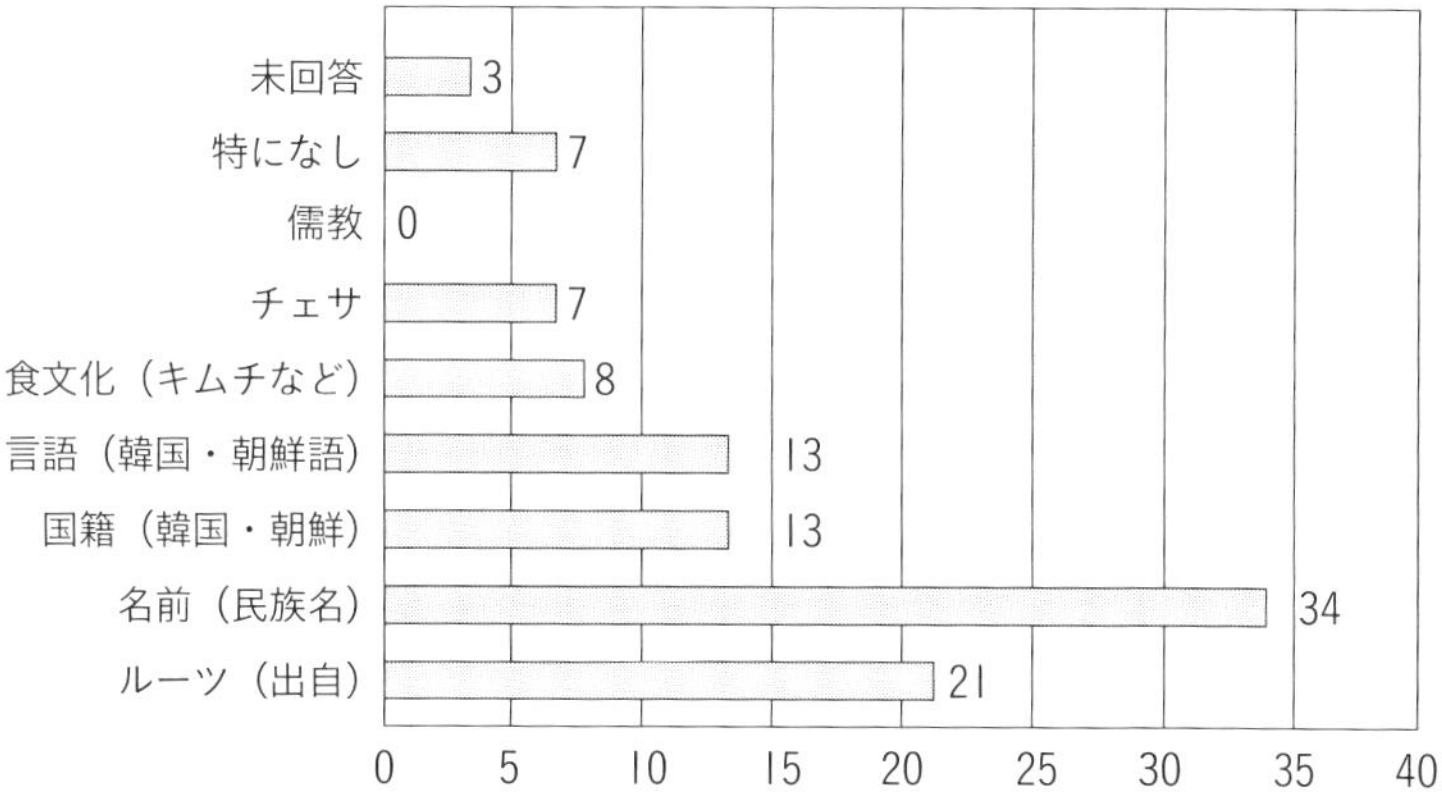

むすびにかえて：民族的な生き方を模索する新世代

二つの調査結果を比較することで、一九七〇年代に生まれた後期三世・前期四世に見られた民族化潮流が、一九八〇年代に生まれた中期四世の世代でも続いており、民族名の使用度、母国籍の維持、母国語の理解度いずれの面においても、新世代で「民族志向」は一層強まっているということが判った。

とはいえ、彼らにとっての「民族志向」は、かならずしも「本国の韓国・朝鮮人に近づく」ことでもなさそうである。彼らに「自分をどういう存在だと思うか」と問うと、「日本人に近い」と答えた者が一三パーセントしかいない反面、「紛れもない韓国・朝鮮人」と考えた者も二割程度しかいなかった。彼らの半数以上が「本国人とは異なる韓国・朝鮮人」と考えていることは興味深い（図表2－6）。

また将来の進路を問うた質問についても、「祖国に戻って暮らす」と答えた者も、「日本国籍を取得して日本人として生きる」と答えた者も四パーセントしかいなかった。

全体の六割が「韓国・朝鮮籍のまま、在日コリアンとして生きる」と回答している（図表2－7）。その他、「日本国籍を取得しても、日本でコリア系日本人として生きる」と回答した者が一一パーセントに達している（同表）が、こうしたデータは新しい世代の七割を超える人たちが、国籍を取得するしないにかかわらず、在日コリアンとしての民族的な生き方を模索していることを物語っている。

彼らの中には、日常生活で日本名（通名）を名乗りながらも、在日コリアンであることをカミングアウトしている者もいれば、日本国籍を取得しても、民族名を名乗ることで、自らのルーツを無言伝達している者もいる。また名前や国籍にはこだわらないと言いながらも、韓国に留学して母国語能力を高めようと努力している者もいれば、韓国・朝鮮語はまったくできなくても、民族名や母国籍（韓国・朝鮮籍）だけは大切にしたいと言う者もいる。

「国籍こそが在日コリアンのエスニック・アイデンティティの最後の砦」という人もいるが、彼らが重視するエスニック・シンボルは、国籍だけではない。民族名であったり、ルーツ（出自）であったり、母国語であったりする（図表2－8）。いずれにせよ、彼らが何らかのエスニック・シンボルにこだわりを見せながら、日本人でも韓国人でもない、在日コリアンとしての民族的な生き方を模索していることは間違いない。彼らがこうした民族的生き方を志向する限り、在日コリアンの未来を「同化・消滅」説で片づけることはできない。むしろ二つの国家で揺れ動く彼らの新しい生き方は、「多民族社会」に移行しつつある日本人の未来像を象徴しているように見える。

注

（1）一九五九年に制定された国民年金法は、日本国籍を持つことを加入要件にしていた。しかし、一九八一年に社会保障の内外人平等を定めた「難民条約（難民の地位に関する条約）」に日本が批准したことで、一九八二年から同法の国籍条項が撤廃された。それによって、加入期間などの要件を満たす在日コリアンには受給権が認められることになった。

（2）日本政府は、外国人登録法に基づいて、一九五二年からすべての在日外国人（当初一四歳、後一六歳以上で一年以上の滞在者）に対して指紋押捺を義務づけてきた。しかし、外国人を治安対象として管理する色彩の強い指紋押捺制度には、実施直後から批判の声が少なくなかった。一九八〇年の韓宗碩さんの指紋押捺拒否事件を契機に、在日外国人の間で押捺拒否運動が拡がり、一九八五年には一万六〇〇〇名を超える押捺留保者が出現することになった。

こうした運動を背景に、一九九〇年の日韓外相会談で「協定三世には指紋押捺義務を廃止する」ことを決定。ついで九一年の日韓外相会談では「一、二世についても指紋押捺を行わない」方針を打ち出すに至った。一九九二年の法改正で、在日コリアンをはじめとする特別永住者の指紋押捺は廃止されることになった。

（3）在日コリアンによる公民権運動の結果、弁護士（司法修習生）については一九七七年から、国公立大学の教授職については一九八二年から、看護士（保健士、助産士）については一九八六年から、それぞれ国籍条項が撤廃された。

公務員の一般職については、一九五三年に内閣法制局が出した「公務員に関する当然の法理として、公権力の行使または国家意思の形成への参画に携わる公務員になるには日本国籍を必要とする」という見解を根拠に、国は地方自治体職員の採用にあたって国籍条項の撤廃に激しい制限を加えてきた。

しかし、一八七九年に大阪府八尾市が国籍条項の撤廃に踏み切ってから、全国の自治体（政令指定都市を除く）で次々と国籍条項が撤廃されることになった。さらに一九九六年には川崎市が政令指定都市で初めて一般事務職における外国人の受験資格を認定。その後、一五の政令指定都市のすべてが在日コリアンをはじめとする永住外国人に受験資格を与えるようになった。

(4) 在日コリアン学生および日本に留学する韓国・朝鮮人学生に対する奨学援護機関として事業を続けている財団法人。所属・思想・信条にかかわりなく、その公益性を堅持するため、役員も韓国籍・朝鮮籍者が同数就任し、日本の学識経験者も参加して、事業を推進している。一九六一年に奨学金事業が再開されて以来、二〇〇五年までに高校・大学の奨学生の総数は六万二〇〇〇人、奨学金給付事業の総額は一一〇億に達している。

（出所：『季刊東北学』第一七号、二〇〇八年）

III

多文化共生の理想と現実

日本国籍取得問題に揺れる在日コリアン

ここ数年、在日コリアンの間で日本国籍取得の是非をめぐる論議が活発化している。在日社会でこの問題が議論されるようになったのは、与党三党（自民党・公明党・自由党）が二〇〇一年に入ってから、旧植民地出身者とその子孫などの特別永住者が日本国籍を取得する際の手続きを簡略化するため、国籍法の改正を目指すことを発表したからである。

周知のように、この国籍取得緩和策は、立法化が進められてきた永住外国人への地方参政権付与法案への対案として準備されたものである。「参政権がほしければ日本に帰化せよ」と外国人参政権に反対してきた国会議員たちが、参政権の前提である日本国籍の取得手続きを簡略化することで、永住外国人と参政権の距離を縮めようとした苦肉の策である。意図はともかく、政府が国籍取得条件を緩和する国籍法の改正を打ち出したことで、在日コリアンも、日本国籍の取得を現実の選択肢として無視できなくなってきたわけだ。

当事者の在日コリアンは国籍取得問題をどのように受けとめているのか。論壇では、国籍取得慎重論よりもむしろ必要性を説く発言が目立つ。国籍取得推進派の一人は、アイデンティティと帰属（国籍）のずれを埋めるために、在日コリアンは日本国籍を取得すべきと主張する（鄭大均『在日韓国人の終焉』文春新書、二〇〇一年）。また「政治過程から排除されている」在日コリアンの「制度的隷属状態」に終止符を打つために、在日コリアン五〇万人が日本国籍を選択し、国政参政権を行使して数名の在日コリアンを国会に送りこみ、「日本が単一民族国家でないことを日本国民と世界に示す」（高英毅「在日韓国・朝鮮人の国籍・参政権」『世界』二〇〇三年三月号）と論じる人もいる。

アイデンティティと帰属のずれを埋めるという考え方の善し悪しは個人の選択に委ねるにしても、後者の提案は現実味に欠ける。日本国籍を取得した大部分の在日コリアンが、民族名でなく日本名を名乗っており、これからも多くの国籍取得者が日本名を名乗ることが予想されるからである。たとえ国籍法が改正され、制度的にこれまで使用できなかった民族名（崔、姜、趙など）を使うことができたとしても、民族名を名乗る日本籍コリアンが急増するとは考えられない。日本社会には、依然として民族名だと学校でいじめられる、仕事ができない、家が借りられないなど、在日コリアンに民族名を名乗らせない社会的圧力が存在しているからだ。

こうした社会的圧力がなくならない限り、いくら制度上で民族名を名乗ることが保障されても、民族名を名乗る日本籍コリアンは増加しないだろう。民族差別を緩和する具体的処方せんを持たないまま国籍取得緩和法案を受け入れることは、在日コリアンをインビジブル・マイノリティ（見えない少数民族）に追い込み、国籍や民族名で判別される可視的な在日コリアンの「自然消滅」を促すだけである。

では、どうすれば、在日コリアンの「自然消滅」を防ぐことができるのか。私は二つの提案をしたい。一つは、在日コリアンが日本国籍を取得しても、民族的属性を維持したまま生きられるシステムを日本社会につくりだすことである。具体策としては、①政府が国籍取得緩和法案を準備するだけでなく、民族差別規制法も準備する。②国籍取得後の氏名については、ハングルの使用も認め、韓国や北朝鮮で一般化している夫婦別姓を、国籍取得後の在日コリアンのカップルには特例として認める、③米国のように、厚生労働省の人口統計において、国籍別データのみならず、人権・民族別人口統計の作成を義務づける——などが考えられる。

二つ目は、国籍取得を望まない在日コリアンがいることも視野に入れ、韓国・朝鮮籍でも住民としての権利が保障されるように、国籍取得緩和策とは別に永住外国人に地方参政権を認める法律を成立させることである。すでに自治体の住民投票では、永住外国人にも投票資格を認める傾向にある。国籍取得条件を緩和するだけでなく、こうした流れを加速化していくことが、日本の「内なる国際化」の必須条件だと思われる。

（出所：『毎日新聞』二〇〇三年七月二六日）

アジア人労働者受け入れ論の陥穽

ここ数年、日本とアジア諸国とのＦＴＡ交渉が本格化し、アジアからの外国人労働者の受け入れ問題が再燃している。アジア諸国が日本製品に対して市場を開放する見返りに、労働者の受け入れを日本側に求めているからだ。

インドネシアやフィリピンとのＦＴＡ交渉でも、労働市場の開放問題が焦点となった。両政府は日本製品に対し市場を開放する見返りに、看護や介護に携わる両国の労働者を受け入れることを要請。日本政府は、在留資格や看護師免許など日本で求められる資格を取った人は受け入れるとしている。

外国人労働者の受け入れに慎重だった日本がインドネシアやフィリピン政府の要請を受け入れた背景には、少子高齢化とそれに伴う労働力人口の減少という日本社会の差し迫った課題がある。厚生労働省は二〇二五年に介護を必要とする高齢者がさらに二四〇万人増加すると予想し、現在一七万人しかいないホームヘルパーを五年以内に倍増させることを計画している。とはいえ、介護職はきつい労働の割に報酬が少ないと言われ、介護職につく新規労働者の確保にどこの自治体も頭を悩ましているのが実状だ。そこで政府は、不足する介護士や看護師をアジアから受け入れた人材で賄おうというわけだ。

だが、困っているのは日本人高齢者だけではない。実は、一九八二年に日本は難民条約を批准し、国民年金法の国籍条項を撤廃したが、制度上二五年の加入期間を満たせない在日コリアンをはじめとする在日外国人高齢者は老齢福祉年金を受け取れない、言わば無年金の状態に置かれたままである。アジアから看護師や介護士を導入し、日本人の高齢者のお世話をしてもらおうという一方で、日本政府は在日外国人高齢者の面倒はみないというのは、あまりにも身勝手な対応ではないか。少子高齢化時代を生き抜くには、アジア人を共生のパートナーとして迎え入れる覚悟が必要だ。

（出所：『機』二〇〇六年六月号）

追記：国籍を理由に老齢年金を受給できないのは憲法や国際人権規約に反する不当な差別だとして、京都府内の七〇代から八〇代の在日コリアン一世五人が慰謝料など一人当たり一五〇〇万円を求めた訴訟が二〇〇七年二月に京都地裁で行われた、山下裁判長は「立法府の裁量権の範囲を逸脱するとはいえず、国際人権規約にも憲法にも違反するとは言えない」と述べ、請求を棄却した。残念な判決と言わざるをえない。

「内への開国」を期待する

二〇一〇年、民主党政権が成立をめざした永住外国人への地方参政権付与法案の国会提出が見送られた後、永住外国人への地方参政権付与問題は立ち消え状態が続いている。保守系の国会議員や地方議会からは慎重論が続出しているが、彼らが法制化に反対する本当の理由はなんだろうか。本稿では、永住外国人への地方参政権の法制化が抱える問題点について整理し、法制化実現で問われた課題はなにか、日本社会にとって永住外国人への地方参政権付与が持つ意味とはなにか、を考えてみたい。

かつて国会議員の半数以上、世論の六割が支持していた外国人参政権

民主党政権が誕生したとき、〝永住外国人に地方参政権が付与されるのではないか〟と期待していた在日コリアンは少なくない。というのも、民主党は、マニフェストの原案となる「二〇〇九年政策集」に永住外国人への地方参政権付与を盛り込んでいたからである。また政権交代後に実施された議員のアンケートでも、永住外国人への地方参政権付与について、賛成派が一時国会議員全体の五三％を占め（賛成二八％＋どちらかと言えば賛成二五％）、反対派の一三％を大きく上回っていた（『朝日新聞』二〇〇九年九月一日）。

それだけではない。二〇〇九年に入って実施された外国人への地方参政権付与に関する世論調査でも、賛成派が反対派を大きく上回る結果がでた。『朝日新聞』の調査では、永住外国人に地方参政権を与えることについて、賛成が六〇%、反対は二九%（『朝日新聞』二〇一〇年一月一九日）、『毎日新聞』の調査で、賛成が五九%、反対が三一%（『毎日新聞』二〇〇九年一一月二四日）、反対論を誘導してきた産経・FNN共同世論調査（二〇〇九年一一月二一日〜二二日）でも、賛成が五三・九%、反対は三四・四%と、賛成派が過半数を超えていた。この数字は、当時、定住外国人のみならず日本国民の六割近い人々が、定住外国人への地方参政権付与を望んでいたことを示したものである。

こうした世論の動向を受けて、鳩山首相（当時）は二〇一〇年一月一一日に、政府・民主党首脳会議の場で「外国人に地方参政権を付与する法案を、政府が一八日招集の通常国会に提出することで合意した」と発表した（『朝日新聞』二〇一〇年一月一二日）。平野官房長官（当時）も、翌一二日の記者会見で、永住外国人に参政権を付与する法案について、「通常国会に提出すべき検討法案のひとつに政府として考えている」と述べ、一三日の通常国会に政府として提出する方針を明らかにしていた。

ところが、二〇一〇年二月二六日、政府は、永住外国人に地方参政権を付与する法案について、政府提案による通常国会への提出を見送る方針を固めた。連立を組む国民新党が反対し、政府提案が困難になったためと、原口総務大臣は釈明した。

外国人参政権法案を廃案に持ち込む反対派とその論理

永住外国人への地方参政権付与に反対しているのは国民新党だけではない。自民党やみんなの党も反対姿勢を示している。なぜ彼らは、永住外国人の地方参政権付与に反対するのだろうか。ここでもう一度、反対派の主張を整理し、賛成派の意見と比較して、外国人参政権問題をめぐる争点を明らかにしたい。

まず反対派の主な主張は以下のようなものである。

①　外国人に参政権を与えるのは「公務員を選定し、及びこれを罷免することは、国民固有の権利である」（憲法第一五条第一項）ことを定めた憲法に違反する。

②　国益が異なる外国人に参政権を与えると、日本の安全保障が脅かされる。

③　在日外国人が集住しているところでは、外国人に地域政治を握られかねない（たとえば、読売新聞は「永住外国人を大量に集団移住させれば、親中派の市町村議員を当選させることができる」という社説を掲げた／二〇一〇年二月一日）。

④　選挙権を得たいと思う人はまず帰化すればいい（産経新聞は「帰化の条件の緩和を考えていくべき」「参政権は国民にのみ与えられた権利」という論説を掲載している／二〇〇九年一一月一〇日）。

⑤　A国に暮らす日本人に参政権が認められていないのに、日本に暮らすA国人に参政権を与えるのはおかしい。

⑥　地方参政権を求める在日コリアンは「強制連行被害者の末裔」ではない。したがって戦後処理として在日コリアンに地方参政権を与えるべきという考え方は間違いである。

以上が、外国人参政権への反対派の主な見解であるが、こうした反対派の主張については、以下のような反論がある。

まず、①の憲法違反という反対論については、すでに一九九五年の最高裁判決で「民主主義における地方自治の重要性から、一定の要件を満たす外国籍住民に選挙権を付与することは違憲ではない」という判決がでている。

②の安全保障の問題については、外国籍住民であれ、当該地域における住民として外国からの攻撃や災害などの脅威にさらされているという意味では、日本人と同じリスクを背負っている。むしろ外国籍住民も視野に入れた安全保障政策を展開すべきではないか。

③の永住外国人が地方政治に与える影響の大きさであるが、地方において外国籍住民比率が高まる現在、むしろ彼らの声を地方政治にまったく反映させない閉鎖的なシステム自体が問われている。外国籍住民も地域社会の諸問題を共有しているにもかかわらず、地方政治に参与する権利が認められていないのはおかしい。

④の「参政権がほしければ帰化すればよい」という説であるが、二〇年以上日本に住み、日本の実情に詳しい永住外国人に選挙権が与えられず、滞日歴がわずかな新渡日の外国人が、日本の実情もよく知らないのに日本国籍を取得するだけで、選挙権を行使できるという現在のシステムこそ問題である。そもそも国籍を取得しても、現在の帰化システムでは、日本国への忠誠心があるかどうかはわからない。

⑤の相互主義については、二〇〇五年に韓国では公職選挙法の改正案が可決され、永住資格を持つ一九歳以上の外国籍住民に地方参政権が認められることになった。韓国を含め、他の多くの先進国でも外国人参政権が認められている現状を考慮するなら、相互主義の観点から、日本も外国人に地方参

政権を認めるべきである。

⑥の戦後処理説は、そもそも在日コリアンの多くが強制連行の被害者であるかないかではなく、彼らが日本の植民地政策の結果、日本に居住することになったという歴史的経緯を踏まえるべきである。この点について、民主党（当時、現・生活の党）の小沢一郎は次のような考えを披露している。「韓国併合によって、在日コリアンが強制的に日本人にされ、日本が戦争に敗れるまで、『大日本帝国の臣民』であった。英国が植民地支配した英連邦出身の永住取得者については投票権のみならず立候補する権利まで与えていることを考えると、日本がかつて『大日本帝国の臣民』であった在日コリアンとその子孫に地方参政権を与えるのは当然である」（要約／公式サイトより）

永住外国人参政権法制化で問われた課題

外国人参政権問題に対する反対派と賛成派の議論を整理すると、まず反対派の議論はすべて「国益」という視点から判断されていることがわかる。国のみならず地方のグローバル化が進む中で、地方政治の在り方を「エゴとしてのナショナリズム」だけで判断できるのかという疑問が残る。自治体による教育や福祉などのサービス提供が、外国籍住民よりも日本籍住民に対し優先して行われるのは当然なのか、自治体住民という概念に外国籍住民は含まれないのか、もう一度、外国人参政権に反対する人々に考えていただきたい。

次に、賛成の立場にある政党間でも意見の違いがみられる。たとえば、選挙権を与える対象であるが、民主党が準備している法案の中身をみると、在日韓国人などの「特別永住者」のみならず、日本に一〇年以上住み、法相に「永住者」の資格を認められた外国籍住民に地方自治体の首長や議員の投票に参加する選挙権を与えるとしている。一方、公明党が準備している法案では、地方参政権付与の対象を「日本国民に地方参政権を認める国の国籍を有する永住外国人に限定する」としている。

また、民主党は「わが国と外交関係のない国籍の永住者を対象にするには根強い慎重論があり、これを除外する」としているが、これについても、「朝鮮人の人が必ずしも北朝鮮を支持しているわけではない。……政治的理由で一部の人を除外していいのか」（『朝日新聞』二〇〇九年一一月二三日）という反対意見もある。

地方参政権付与の対象を、在日韓国人などの特別永住者に限定するのか、それとも永住権を持つ永住外国人のすべてに門戸を広げるか、また朝鮮籍者を排除すべきか、含めるかは、政治家個人によって意見が分かれるかもしれない。だが、外国人への参政権付与に前向きな民主党や公明党が、今後、外国人参政権法案を真剣に議員立法化する気があるのなら、他の政党や議員からも幅広く支持される中身につくり変える勇気も必要だろう。

外国人参政権の法制化は、日本が今後多くの外国人労働者を受け入れていく上で避けられない政治課題である。民主党政権は「平成の開国」を掲げているが、TPP（環太平洋戦略的経済連携協定）を「外への開国」とするなら、外国人参政権は「内への開国」である。そうした意味で、外国人参政権問題は、これからの日本の進路を決定するうえで重要な争点になってくる。永住外国人への参政権付与に賛同してきた各政党には、法制化に向け、より具体的な道筋を示していただきたい。


（出所：『部落解放』二〇一一年四月）

定住外国人の地方参政権問題の行方

元自民党衆議院議員
野中広務 × 朴一

司会：徐元喆（民団中央本部参政権獲得本部事務局長）

節目の年を迎えて

司会　――二〇〇九年九月に民主党政権が立ち上がりましたが、我々はこの間参政権の法制化に向けてずっと調整してきました。忘れもしません。二〇一〇年の一月一一日。政府と民主党首脳の会議において、永住外国人の地方選挙権法案を、政府案で出すという合意が出されました。一月一六日に民主党が日比谷公会堂で民主党大会を開きました。私も呼ばれたのですが、その席上で鳩山首相（当時）が明確に、この法案を連立三党で合意して政府案として出したいと言いました。

しかし、その後の流れを見てください。なりふりかまわない反対論が出されています。論理ではなくて、感情論で反対している。そういったネガティブキャンペーンが、新聞、テレビ等々のメディアにウケているところがあります。我々はこれを座視できません。なんとか正しい情報、正しい知識を日本の方々に出すべきだということで、我々も政府や各政党にお願いをしているところです。

　そういった現状の中で、今から、朴一先生、野中広務先生とともに、改めて具体的に論点を絞って話していきたいと思います。まずは朴先生のほうから、この間の歴史的な経緯を踏まえ、なぜ永住外国人に地方参政権が必要なのか、その意義などを語っていただきたいと思います。

なぜ地方参政権が必要なのか

朴

――今、なぜ参政権が日本にとって必要なのかということを冷静に議論する局面にきているのではないかと、私は考えています。

　ご承知のように日本の人口は、二〇〇六年から減少傾向に入りました。経済学の用語で言えば、生産年齢人口は一五歳から六四歳で、こういう働きの担い手になる人、これは現在八六〇〇万人と言われていますが、これから二〇五〇年には五四〇〇万人までに減ってしまいます。いわゆる少子高齢化が進み、働きの担い手が減ってきて、元気なお年寄りがどんどん増えていく。こういう逆ピラミッド型の社会になってくると、高齢者を誰が支えていくのかが問題になるわけです。参議院選挙のマニフェストを各党が掲げますが、それを見ると、枯渇していく税収を日本人だけで補おうとする議論には無理があると思います。アメリカやヨーロッパ、カナダ、オーストラリアのように善良な移民をある程度受け入れ、彼らにしっかりと働いてもらって、そしてきっちり税金を払ってもらい、日本のお年寄りを支えていくというような社会にしなければ、日本はもたなくなるのではないかと思います。これは誰が考えても当たり前の話ですが、日本の政治家にはなかなか理解してもらえないという現状があります。

　そんな中で、今回民主党はこの参政権問題を真剣に考える姿勢を見せています。野中さんが自民党の幹事長の時にも、自自公連立政権で永住外国人の地方参政権法案が一旦成立しかけたところを、一部タカ派の反対で実現できなかったという話がありますが、今回二回目の実現のチャンスをまた失うことになりそうなのは、非常に残念なことです。

　いくつかの新聞の世論調査がこの間ありました。皆さんもご承知のように、朝日新聞の調査では、賛成が六〇％、反対は二九％。毎日新聞でも賛成が五九％、反対が三一％。ＦＮＮ（フジテレビをキー局とするテレビ局のニュースネットワーク）の世論調査でも、賛成が五三・九％、反対が三四・四％です。反対よりも賛成が多い。したがって、日本人の有権者の過半数が民意としてこの参政権の実現を願っているにも関わらず依然として実現していないというのは、政治家の怠慢であると私は怒っています。一刻も早くこの法案を有権者の声として実現してほしい。政治家以上に、少子高齢化が進む中で、このままではだめだと思っている有権者が、多くいるのではないかと思います。

　遠い将来の話はともかくとして、現在も外国人の数は増加し続けています。このあいだ学生たちと一緒に群馬県の大泉町に行きました。大泉町では外国籍住民の比率が一四％です。住民の一四％が無視されて地方自治が行われているということは、非常に非現実的ですよね。大阪市の生野区でも住民の五人に一人が外国人という現実があります。その人たちの声を一切無視して地方自治行政が行われていることに対して、やはりこれはおかしいという声が高まっています。また、これからどんどん日本がグローバル化していく時に、はたして国益や地域益だけで地方自治行政を行っていっていいのかという問題もあります。

今までの市会議員や県会議員、国会議員は、非常に悲しいことに地元に利益を誘導しようとする議員ばっかりだったんですね。外国人のために何かしようという議員は、ほとんど見たことがありません。私が唯一そうではない候補者を見たのは、昔存在した「開星論」のＵＦＯ党というところです。彼らは宇宙人との友好的な交流を掲げて立候補しましたが、誰も当選しませんでした。当然のことですね。もっと身近にいる外国人と仲良くしようというマニフェストを掲げていく政党がなかったということが残念です。それを実現するための第一歩がまさに参政権で、ようやく民主党が、マニフェストには掲げませんでしたが、政策論集に掲げるようになりました。参政権は、少子高齢化社会における重要な働きの担い手になる外国人とともにまちづくりをしていこうという第一歩なんですね。

右傾化のなかで実現していくには

司会　――ありがとうございました。先般、東京の日本武道館で「外国人参政権に反対する一万人大会」が開かれまして、実際は七〇〇〇人でしたが、このようなチラシを配っていました。「付与すれば日本の崩壊を招く」と。こういったものがどんどん出回っています。またぶり返したなと思います。我々が運動を始めてもう一六年経って、いつできるか、いつできるかと思ってきましたが、未だにできずに、またこのような反対論が出ている。野中先生にお尋ねしたいのは、これを乗り越えるというか、この原因をきちっと押さえて、日本が次に進むステップを示唆していただければ、非常に助かるのですが。

野中　――自由民主党を含めて、一つは日本の政治がだんだん右の方向に移動しつつある。この法案の実現を含めて、これが非常に大きな壁になっていると私は思います。もう一つは、熱心に法案をつくってくれた公明党の冬柴鉄三さんが、去年（二〇〇九年）の衆議院選挙で議席を失ってしまった。本当に熱心に取り組んでくれました。そして、その当時の日本と韓国との議員連盟で役をやっていた人たちが、双方ともほとんど議連のポストにいなくなってしまった。

悲しいことに「関西には在日が多い。だから冬柴が一生懸命になるのは、外国人に参政権を与え、自分たちが考える議員を当選させることによって、地方の自治を支配しようとしているからだ」というような、ありもしない偏見があります。冬柴君は、議連の会長の竹下登さんから「お前は、法律家だから法律をつくれ」と言われてやったのに、そういうありもしないことが流布されて、それが定着してしまっているというのは、私は非常に申し訳ないし、冬柴さんにお詫びをしなければならない関西人の一人だと思っているわけです。

政党の約束は国民に対して、誠に重いものですが、我々がした約束を我々の内部のそういう右傾化から、ついに実現できなかったことを申し訳なく思います。それとともに、民主党は政権のスタートのところで、鳩山総理も小沢幹事長も参政権は実現するということを約束しているわけですから、ぜひ皆さん方が、こういう集会を通じて、今度参議院選挙に立候補する人たちに、あるいは次の衆議院選挙に立候補する人たちに一人ずつ確認をしていくことが、この法案を実現させることになると思っているわけです。

反対派への反論

司会 ――ありがとうございます。それでは、今国論が二分しているような感じですが、論点がだいたい出尽くしていますす。これは朴先生に答えていただきたいのですが、一つは国民主権だからだめだと、憲法違反ではないかと。この件は最高裁の判断を踏まえてご発言願いたいと思います。もう一点付随して必ず出てくるのが、帰化しない限りだめだという言い方です。我々が反対派のメンバーと会って、一時間二時間汗をたらして説明した後に、もう一度「なぜ帰化しないんですか」と問われるんですね。この二点に関しまして、お願いします。

朴 ――はい、この二点は、よく出てくる反対派の主張なのですが、その前に日本が危ないという話がありましたよね。そのことを踏まえて少し考えていきたいと思います。だいたい反対派の人が日本が危ないと言う場合、外国人に参政権を与えると、外国人が密集しているところでは、外国人に地方政治が握られてしまうのではないかということが一つ言われます。

それからもう一つはいわゆる安全保障面に悪影響を与えると。これは読売新聞が二〇一〇年二月一日の社説で、参政権を与えたら、例えば永住外国人の多くが沖縄に集団移住し、自衛隊配備への反対運動の一環として選挙運動を行うと安保が脅かされるというようなことを言っています。しかし、こういった見方というのは、例えば在日の人たちに対する無理解からきているのではないかと私は思っています。在日外国人含め、韓国人ほど、本当に安全保障についてセンシティブ（敏感）な民族はおりません。現在、北朝鮮（朝鮮民主主義人民共和国）の潜水艦による韓国の哨戒艦撃沈事件の問題が出ておりますが、なぜ沖縄に米軍が必要なのかということについても、もし海兵隊が沖縄から撤収するということになると、在韓米軍への負担が非常に重くなります。私もこの間アメリカの海兵隊のトップの人とアメリカ領事館でお話をする機会がありました。アメリカは、この三年以内に北朝鮮有事が起こるかもしれないという局面の中で、北朝鮮の核問題に迅速に対応できるような安全保障の計画をもっています。そのような体制の中で沖縄の海兵隊の重要性を認識している。それが是か非かはともかくとして、安易に海兵隊を移動しようというような鳩山政権の案については、同調はするけれども本当に実現できるのかということについて、民団の幹部を含めて危惧を持っている人たちも在日韓国人に多いのではないかと思います。

仮に一〇〇歩譲って、沖縄に在日の人が集団移住したとしても、そこではたして彼らが反対運動をするだろうかと、私は大きな疑問を持っています。

それから、外国人が密集しているところでは、地方政治を握られるという意見もあります。これは先ほど申し上げましたが、逆にこれを言えば、永住外国人は住民税などの税金を払っているのに、自治体運営には全く関われないということ自身が問われているわけです。外国人住民比率がどんどん高まっている中で、例えば大阪市の場合は五・〇％、二〇人に一人が外国人です。そういう人たちの声を地方政治に全く反映させないような閉鎖的なシステム自身が問われてきているのではないかと。どのように住民の声を吸い上げるシステムを考えていくのかという時に、外国人のことを多少なりとも考える人たちに当選してほしいということなんですね。

これからの市町村行政というのは、例えば自分たちの町や村に米軍基地を誘致したり、あるいは原発をつくったり、ゴミ処理場を建設したりという時に、「日本人だけで話し合いましょう、金さんや李さんの意見は聞かなくてもいい」ということにはならないと思います。もし金さんや李さんの家の横に原発がつくられたらどうなるんですか。その人たちの意見も聞きながら、その問題についてどうするか考えていく。そういう民主主義のメカニズムをつくっていかないと、少なくとも外国人が住みやすいまちにならない。これから外国籍住民が住みたいと思ってくれるようなまちづくりをしないと、過疎化していく市町村はもたなくなっていくんですよね。

それから徐さんのご質問ですけれども、憲法違反という話があります。これは二〇一〇年二月九日の衆院予算委員会で、憲法第一五条「公務員を選定し、及びこれを罷免することは、国民固有の権利である」に違反するのではないかと、自民党の高市早苗さんが質問しているんですね。私自身も外国籍、韓国籍ですが、大阪市立大学に迎え入れられる前、実は一九八二年に外国人教員任用法（国立又は公立の大学における外国人教員の任用等に関する特別措置法）ができる前、私のような韓国籍は国公立大学の教授にはなれなかったんですね。なぜかというと、教授会に参加するということは、教授の任命・罷免に参加する権利があるということですから、憲法一五条に違反するとされていました。ところが時代の流れの中で、今現在、国公立大学に教授・助教授を合わせて一〇〇名以上の方がいるわけです。またこれに準ずるものとしては、公立病院があります。たくさんの在日韓国人のお医者さんが働いていて、彼らも医長とか医局長という形で公務員医師の任命・罷免に関わっています。それではたして日本社会が破壊されてしまったのかというと、そうではありませんよね。ちょっとでもいい大学にしよう、ちょっとでもいい病院にしようと一生懸命頑張っている外国人はたくさんいるわけです。それをもっと多くの分野に広げていくことによって、よりいい人材を補充することができる。だから日本人の中からだけ優秀な人材を登用するのではなく、もっとパイを広げて、もっと優秀な人材に日本に来てもらって、日本の経済を復興してもらうというような視点に立たないとだめになってしまうと思います。

おそらく徐さんがイメージされているのは、一九九五年の最高裁判決だと思います。最高裁判決の中では、「地域自治と密接に関る永住外国人については、憲法が彼らに参政権を与えることを禁じてはいない」という判決がでました。(注1) これは反対派によれば、単なる傍論であると言っています。これこそ実は暴論なんです。反対派の人はちゃんと調べてほしいのですが、実はこの最高裁判決の後、一九九七年五月の大阪地裁、あるいは一九九八年二月の大阪高裁判決でも、「定住外国人に地方参政権を認めるかどうかは、立法機関の裁量に委ねられている」という九五年判決を踏まえた判決が下されているんですね。むしろ時代の趨勢はこうした九五年判決が脈々と受け継がれ、そして司法から立法に投げかけられ、そして一九九九年の自自公三党合意で成立寸前までいったということなんです。九五年判決の重み、これが九七年や九八年の判決でも踏まえられているということをもう少ししっかり認識してほしいと思います。

最後ですが、参政権を得たいと思う人は帰化すればいいという議論があります。私たちの先祖である私たちのおじいさんの時代、日本の植民地支配の中で大変な苦労をしてきました。これはほとんどの日本人の方には知られていない話なんですが、実はその人たちはずっと日本の植民地支配下で日本の国籍を与えられ、参政権を持っていました。実は私と同じ朴さんという人が、日本で朴という名前で立候補し、衆議院議員として活躍されていました。(注2)その人たちの参政権が奪われたのは、一九四五年です。一九四五年の衆議院議員選挙法の改正の時に、日本国籍を持ったまま、在日韓国人から参政権が剥奪されたんです。「戸籍法の適用を受けないものの選挙権は、当分の間これを停止する」というものです。(注3)ですから在日コリアンは、日本国籍をもったまま参政権を停止され、今日に至っているということなんです。日本国籍を取りなさいという反論は、こうした歴史的経緯を無視した議論だと思います。

朝鮮籍とか韓国籍という民族的差異を維持したまま、これをアイデンティティとして認識している人はかなりいるわけです。民族的な差異を維持したまま、日本人と同じような政治的権利の一部をくださいと言っているわけであって、その人たちに参政権がほしかったら日本国籍を取りなさいというのは、本末転倒な議論なんです。

私は日本国籍を取るという生き方もあると思います。在日の中で毎年七〇〇〇人から八〇〇〇人が日本国籍を取っています。しかし、日本国籍を取りたくない、韓国籍、朝鮮籍で生きたいという人たちも実際たくさんいるわけです。若者たちにアンケート調査をしたらほぼ半々です。違う国籍をもっていても、最小限の人間的な権利を保障してもらうシステムとして、私たちは参政権を求めているわけですから、日本国籍を取りなさいという議論は、はっきり言って議論にならないと私は思います。以上です。

安全保障の問題

司会　――時間の関係がありますので、次の論点に進みます。よく出てくるのが、国益の問題です。民主党の内部でも、一部の慎重派は国政と地方を区分できないという言い方をします。今政党が一〇ありますよね。国益ということで我々が見た時に、民主党、公明党、社民党、共産党、新党日本は、（永住外国人に地方参政権を付与することは）党として国益にプラスというふうに考えている。国益にマイナスだという考えの政党は、自民党、みんなの党、国民新党、たちあがれ日本、それと松下政経塾を中心につくった日本創新党です。ちょうど半々に分かれています。(注4)

私の記憶では一〇年か一一年前に『週刊新潮』で櫻井よしこさんが、「野中幹事長あなたは国を売る気ですか」というようなことを書いていました。我々もこれを見て、どぎついな、ひどいなと思ったことがあります。永住外国人に参政権を付与することが、国益という観点からはたしてマイナスになるのかどうか。野中先生にはこのことを少し述べていただきたいと思います。

野中　――櫻井さんは、本当にこの国の将来を考え、近隣諸国との信頼関係を考えて、ああいう評論活動をやっておられるのかどうか、私は疑っています。私の町へ講演に呼ぶ人があって、「ここは、今自民党政権の中で強力な力を発揮している野中広務さんという政治家の出た町ですわね」と言って、初めから非常に挑戦的で、呼んだ連中がびっくりしたそうです。よく新幹線の中でも見ますけれども、私はお話をしたことはありません。本当にこの人は日本の国を思い、日本民族のことを思い、過去の歴史を検証した上で、この国をどうしていくかということを考えて言っているのか、非常に疑問に思っています。

今、普天間の海兵隊の移転問題が揺れに揺れています。最後はおそらく沖縄の辺野古を中心にして、埋め立てで、私は落着しなければならないと思っています。鳩山さんが自民党の尻拭いをするのはかなわんと思い、少しはいい恰好をしようと思って、県外、国外などとできもしないことを言ったわけですが、五月末を迎えて、何らかの決着をしなければならないと思うわけです。

そうなると、やはり国と国との約束というのは、一番大切ですから、かつて稲嶺恵一知事の時代、橋本龍太郎さんが総理の時に、クリントン大統領が「沖縄の海兵隊に代替地を与えてくれるならば基地の返還を認めよう」と言ってくれて以来、ずっと真剣に取り組んできました。あの困難なところで、世界の首脳が集まるサミットを沖縄に決定し、見事に成功したわけです。そんな苦労の積み重ねを、沖縄県民はよく知っています。そして、今や在日米軍基地の七五%を沖縄に背負わせている、その重荷も沖縄の人が感じておられることも事実です。一方、基地の経済に頼らず、サトウキビや果樹をつくって沖縄が自立する道を見出せるのかということを考えたら、それは無理でしょう。基地で働く人、あるいは基地の用地費は日本政府が払っています。

この間、沖縄出身の国会議員のなかには、用地費を一年で一億五〇〇〇万円ももらっている人がいます。この前、沖縄に行った際にその人も来ていました。そこで「あなた方、普天間の土地が空いたら、翌年からこの貸し賃はいりませんということで済ますんですか、本当に済むんですか。やっぱりサトウキビをつくってやっていくんですか。そんなことできないじゃないですか」と言いました。こういう中で、政府と沖縄、あるいは沖縄と名護市との話ではなくて、日本政府が日米安保条約にもとづき、日米同盟によって合意を得て、そして辺野古に決定した経過を、国と国との約束だということをきちっと認めなければ、この問題は解決しない。沖縄の経済を盛んにしていくときには、公有地では沖縄の人が従事することはできない。したがって、自然保護を考えて、そして土を埋めることによって、沖縄の人たちの仕事も増えていく、そういうことを考えていかなくてはならないと思うということを、私は申し上げましたが、誰一人これに野次を入れる人はおりませんでした。

私はそういうことを考える時に、最近、辺野古の人がやはり公有地ではなく、辺野古でキャンプシュワブの横から埋め立てをしてほしいという要望が出てきたということを知って、やはり現実的に現地の人は考えてくれているのだろうと思いました。基地は非常に重みを与えていますが、やはりそういう中で政府と政府の約束を間違いないようにしなくてはいけない。都市間の取引や府県との取引だけに物事を混乱させている現実の状況、あるいはマスメディアの状況がありますが、私はもう少し冷静に考えてほしいと思っているわけでして、私のこの言い方にも、皆さんの批判もあろうと思いますが。

あれだけ沖縄の基地が問題になった時に、たった一人だけ沖縄から基地を移動させてくれた人がいました。それは、衆議院外務委員長で、最高裁の判決を待っている、北海道の鈴木宗男君です。沖縄には県道一〇四号というのがありまして、山と山の間、真ん中を県道が通っています。ここで実弾演習をするんです。実弾で打ち合いをする下を、県道ですから車と人が通ります。こんな危ないところだけはせめて内地で負担してほしいと言ったけれども、どの府県も手をあげてくれなかった。しかし鈴木君は自分の地元の北海道の市町村長を説得して、そしてようやく県道一〇四号の通る演習場は北海道の彼の地元に移転をすることになって、今日に及んでいるわけです。海兵隊や嘉手納の航空隊といったものは、やはり東アジアから中東、インドを含めた戦略的見地から、沖縄に集中しているわけですから、日本だけが良いとか悪いとか、そんなことで論じることができないと思います。

一昨日、アメリカ人と話をしていたら、「こんな険悪な状態を放っておいて、そして中国が破竹の勢いで経済発展をし、技術改善ができるようになっている今日を思うと、ボーイングはアメリカの軍用機だからこれはアメリカでつくるが、ひょっとしたら日本に生産を依存している他の飛行機はほとんど中国で生産されるようになってしまう危険があるのではないか。私は日本贔屓の一人として今日本と米国との関係を心配している」ということを言っていました。私はこういうことを知った時に、私は、現役当時は米国から随分睨まれるほど米国にきついことを言ってきた一人ですが、しかしこの厳粛な事実だけは我々は考えておかなければならないと思います。日本の世論だけで、大局的にこの状況を深刻に論じ合おうとしないところに、日本の不幸があると思います。そして基地問題だけに集約して、その他の問題を考えようとしない、あるいは日本が一九四五年に敗戦し、そして一九五〇年には朝鮮戦争が起きた。なぜ朝鮮戦争が起きたんだ。そして日本は兵站基地として、経済発展の道を辿ることになってしまう。朝鮮半島を犠牲にして日本は経済発展の道を歩むことになったし、アメリカの軍需産業も継続してやることができてきたことを考える時に、我々は今起きている問題を、過去の歴史を思いながら考えていかなくてはならないというように感じている次第です。

朴　――今の野中先生のお話の通りですが、安全保障の問題は沖縄の問題だけではないと思いますね。石原慎太郎都知事などの反対派が言っているのは、例えば日本が外国から攻撃を受けた場合に、地方にもこれは関わってくるので、外国籍住民をそういう議論に参加させるのはいかがなものかという意見だと思います。ただ一つだけ私が言っておきたいことは、外国人であっても、外国から万が一攻撃を受けたり、あるいは阪神・淡路大震災のような災害があった場合、日本人と同じリスクを背負って生きているということです。例えばミサイルが飛んできたら、私の家に落ちるかもしれないわけです。そういうような日本籍住民と外国籍住民が同じリスクを背負いながら生きている時に、例えば私たち外国人の生命と財産を守る必要性は、全く日本にはないのかということを逆に問いたいわけです。

日本がこの問題に一番敏感になったのは、9・11テロが起こってからなんですね。この後突然、日本政府は国民保護法というものをつくりました。国民保護法ができてから、各地方自治体に国民保護計画をつくるようにと、国が地方自治体を誘導していきました。私は大阪府に呼ばれ、各界各層の意見を聞きたいということで、公安庁のトップや自衛隊のトップ、消防署のトップなどの前で、意見表明をしてくださいと言われました。その時に、「国が国民の生命と財産を守るというのはわかります。ただ、地方自治体にこれをおろす時に、私たちのような外国人はどうなるんですか。国民保護計画という言葉は、非国民は保護しないという計画になりますよ。これは一刻も早く住民保護計画に直して、外国籍住民の人たちも視野に入れた計画としてつくり直してください」という意見を表明したら、即刻解任されました。大阪府の危機管理室が、朴教授は危険思想の持ち主だと判断し、そんな意見を言う奴はいらんということで、右よりの学者が次の会から呼ばれて、私は辞めさせられました。私の考えがはたして危険思想なのかどうか、もう一度よく考えてほしいわけですね。

いわゆる地方自治体の重要な構成員は、日本籍住民だけではなくて、外国籍の人たちも重要な構成員になっており、彼らもまた自治体に税金を納め、地方自治の経済を支えていくような状況にこれからなっていく時に、その人たちの生命と財産を守らないなんてことを言い出したら、これはもうみんな撤退していきますよ。やはり、「日本籍住民と同様に外国籍住民の生命と財産をしっかりと私たちは守る自治体です」という首長がいる自治体、そういう市会議員や町会議員が頑張っている自治体に外国籍の人たちが移住し、その自治体を盛り上げていくというようにしないと、日本はもたないと思います。

そういうことを冷静に考えていきますと、これはもう根源的な問題なんですが、国益＝地域益ではないということなんですよ。国益と地域益が対立するということも当然あるわけです。私はそこがやっぱり沖縄問題の焦点だと思います。「国のために海兵隊は必要だが、自分の県にはいらない、沖縄だけ犠牲になってくれ」と。これは野中先生がおっしゃった通りなんですよ。その中で、外国籍住民だってその立場に立って意見を言う人は当然いるわけであって、日本籍住民だって、外国籍住民だって、自衛隊配備に地域益の視点から賛成したり、反対したりする考え方も当然存在するわけです。読売新聞とか産経新聞は一方的な立場から議論して、外国人が入ると安全保障が脅かされるという一方的な考えで社説を書いている。そんな社説を書くようなレベルの低い新聞が日本で一〇〇〇万部も売れていること自体が、この国のレベルの問題なんです。ちょっと言い過ぎました。申しわけありません。

司会

――ありがとうございます。本当はもっと論点があるのですが、時間の関係でこちらから一つだけ参考までにお話します。一昨年（二〇〇八年）、民主党が、外務大臣の岡田克也さんを会長に、永住外国人に地方参政権を付与する法案をつくっていく議員連盟をつくりました。去年、その勉強会に櫻井よしこさんを呼んだのですが、その時に民主党の議員さんが経済協力開発機構（ＯＥＣＤ）加盟三〇カ国、つまり先進国ですね、その状況を国会図書館で調べてきました。二重国籍を認め、そして血統主義をとらない生地主義で、しかもほとんどの国で一定の資格を有する外国籍住民に地方参政権を付与している。では、なぜ日本ができないのかということで論議をしていくと、先ほども出ましたように、安全保障の問題、竹島や対馬や基地がある、と言うんです。だからこれも本当は論議をしたいのですが、次にまいります。

朴　**韓国の重国籍容認**

——ちょっと一点だけいいですか。今のお話の関連で、実は二〇一〇年四月に韓国の国籍法が改正され、五月四日に公布されたことにより、日本国籍を離脱せずに韓国籍を行使できることになった事実が判明しました。

これはどういうことかというと、日本には韓国籍の人と日本籍の人のカップルがかなりいまして、この人たちの子どもは二一歳になった時に、日本も韓国も重国籍を認めていなかったので、どちらかの国籍を選択しなければなりませんでした。ところが今度は韓国が重国籍を認めたことによって、韓国籍を離脱しないまま日本籍をそのまま行使できる。そういう意味で韓国籍をもった人が自動的に参政権を付与されることになりました。皆さん方へのお願いは、重国籍の人はその段階で韓国籍を放棄せずに、日本籍と韓国籍両方を持って、両方の選挙に臨んでいってほしいということです。今後そういう人の数が増えていくと思います。こういう重国籍の人たちが増えていくと、やがて日本も考えざるを得ないという局面が出てくると思います。

司会　**どのような法案がよいのか**

——次に大事なのは、法案の中身です。過去に各政党が一一回法案を出しています。公明党が六回、共産党が三回、民主党が二回です。これまでの法案の中身は三種類あります。一九九八年の冬柴法案。中野寛成衆議院議員（民主党）と一緒に、民主党と公明党が出した一九九八年一〇月六日の法案です。これは特別永住者も一般永住者も全部含まれます。二つ目は、二〇〇四年に公明党が出した、北朝鮮については拉致問題やミサイルなどの問題があるので、当分北朝鮮を除外するという法案です。三つ目は、二〇〇五年に韓国が一九歳以上の永住外国人に参政権を解放しましたので、それを受けて冬柴さんに呼ばれて調整して出したのが、相互主義に基づく法案です。韓国がやったから日本もということです。

この三種類があるのですが、中国人の一般移住者は一〇年前は二万人ちょっとだったのが、今は一四万を越えました。今、反対派も中国人問題を挙げている状況があります。そういった中で、お二方に参議院議員選挙後に出ると思われる法案。一番いい形のものはどういうものなのかということを、一言ずつ語っていただきたいと思います。まず、野中先生、いかがでしょうか。

野中　――やはり長い間たなざらしにしてきた、人間の生きる基本である人権擁護法案、さらにこの永住外国人の参政権の問題、これが、これから日本が他国と信頼関係、特に近隣諸国と過去の歴史をふりかえり反省をしながら、新しい時代へ踏み出していく基本であると、私は思っています。

司会　――ありがとうございます。非常に深い言葉ですね。朴先生どうぞ。

朴　――もしかすると民団の考えとは相反するかもしれませんが、あえて私の個人的な考えを言わせていただきます。民主党が準備している法案は、政府として出すのか、議員立法として出すのかわかりませんが、在日などの特別永住者だけでなくて、日本に一〇年以上住んで法務大臣に永住者の資格を認められた外国籍住民、これらに選挙権を与えるというものです。

ただし、選挙権を与える対象は、先ほど言われましたけれども、日本と外交関係のある国、それに準ずる地域ということですから、これはおそらく北朝鮮を意識して、朝鮮籍の人を除外する、あるいは台湾出身者はよしとするといった含みを持たせていると思います。ただ私が反対派の人とこの間何度かやり取りをする中で、彼らが一番危惧しているのは、この一〇年間に急増している在日中国人が、日本の政治にどの程度関与してくるのかということで、非常に脅威として感じているようです。

これは例えば、九五年裁判の傍論を書かれた裁判官の一人が、実はあの傍論を書いた背景は、在日コリアンに対する配慮であり、急増する在日中国人をイメージしたものではなかったということをある新聞で語っておられます。(注5) こういうような危惧を持つ反対派勢力が非常に大きくなっていくということを考えていった時に、一つの過渡的な対応として、これは将来的にはどうかわかりませんが、まず暫定的に特別永住者に参政権を与えるというようなことも方法論としてはあるのではないかと思います。戦術論として一旦経過を見ながらその幅を徐々に増やしていくということを考えていかなければ、反対派との軋轢が強くなっていくのではないかと考えます。

先ほどの野中先生の基調講演の中でも、戦後補償的な意味合いで参政権を実現しなくてはいけないという話がありました。そういうことを、もし、まず第一次的なものとして考えるのであれば、やはり在日韓国人などの特別永住者の参政権をとりあえず実現するということが、私は必要ではないかと考えます。これは私の個人的な見解です。以上です。

右傾化と差別

司会　――今私の手元に、今年（二〇一〇年）の一月二七日付けの朝日新聞の記事があります。中曽根康弘元首相がインタビューを受けています。「韓国併合一〇〇年にあたり、永住外国人に地方参政権を与える法案が焦点ですが、自民党は反対に傾いていますが、どう思われますか」「僕は原則として、賛成。既成事実にこだわりすぎず、大局から見て日本の前途を開拓する立場で進まなければ、政治家の器量が問われる。条件を厳しくしても誰かが踏み切らないといけない」と言われています。私も二〇年以上自民党を見ていますが、自民党は随分変質したと思っています。ぜひここで野中先生に、長年自民党でやってこられて、自民党が賛同に動くためにはどのような形にならなくてはいけないのかということを話していただければありがたいです。

野中　――中曽根先生が従来のお考えの中からこういうコメントを出されたことは、私は大局的にこの国の政治のあり方を示唆されていると思って、敬意を表して読ませていただきました。しかし中曽根先生も私ももう政界を去った人間です。やや今の自民党のあり方に批判的な発言をしている人間です。現役の諸君が素直に聞いてはくれないかもしれないことを、現在だんだん右傾化していく自民党に対して、中曽根先生があえてこのコメントを出されたのではないかと、私はそんな気がしてなりません。

司会 ──ありがとうございます。二〇一〇年四月一七日に石原都知事（当時）が、自民党系の地方議員四五〇人を目の前にして言ったことに対して、我々は先般、抗議に行きました。韓国強制併合は韓国が選択したと言うなかで、「帰化された人や、お父さんお母さんが帰化されたそのお子さんという議員はこの席にいますか。与党を形成しているいくつかの政党の党首とか大幹部は多いんですよ。ご先祖への義理立てか知らないが、日本の運命を左右する法律をまかり通そうとしている。参議院選挙ではまさに外国人に参政権を与えるか与えないかが問題になる」と。みんな怒りましてね。結局面会できなくて、副知事対応になりました。朴先生、さっきも石原さん出ましたけれども、このことについてコメントを。

朴 ──石原都知事は昔からそういうことを言っていて、野中さんと辛淑玉《シンスゴ》さんの共著『差別と日本人』（注6）（角川ｏｎｅテーマ21、二〇〇九年）にも出てきますが、その犠牲になったのが新井将敬さんですよね。新井さんみたいに優秀な政治家が、ああいう形で追い込まれていった背景には、石原慎太郎さんの卑劣な妨害行為がありました。最初の選挙の時に石原さんが新井さんの選挙ポスターに「北朝鮮から帰化」というシールを秘書に金をばらまいて貼らせて、出自を暴露し、有権者のナショナリズムをあおって、新井さんを落選させようとした。その後新井さんは、一貫してこの問題に非常にセンシティブになって、逆に国粋主義者に変質していくことになりました。

少し前に行われた参政権反対の東京の大集会で、みんなの党の渡辺喜美さんが、「この国は在日韓国人でも帰化をすれば総理大臣になれる民主的な国だ」と言われました。これは、ある意味ですばらしい意見かもしれませんが、石原さんの主張とは対極にある考えなんですね。つまり、日本以外のルーツをもつ人が日本の国籍を取って、日本の政治に参加しようとしたら、これは外交関係に悪影響を与える。だから、外国にルーツをもつ人は、日本の政治にはかかわらないで下さいというようなことを、石原さんは言っているわけです。

これは麻生さんが野中さんに言ったことと全く一緒なんです。[注7]どのような生まれであっても、どのような国籍であっても、出世や政治参加への権利を妨げられないようなシステムをどうつくっていくのかということを考えないと、石原さんみたいなレイシスト（人種差別者、民族差別者）がまかり通っているような日本では、成熟した政治は決して生まれないと思います。

フランスという国は非常に保守的な国ですが、移民二世のサルコジさんが大統領にもなりました。アメリカでも黒人が大統領になっている時代に、そんなバカなことを言っている人が日本の首都である東京都の知事をしているわけですよ。情けないですよ。

野中　――皆さん、弁解するわけではありませんが、この頃竹島や尖閣列島について石原君が発言した記憶はないでしょう。私は四年前に北京の副市長から依頼をされました。副市長は「私はアジアの一員として、オリンピックの開催地選定の際には、東京に投票したいと思っていますが、しかし、石原都知事が中国に来られたことは一度もありません。あれだけ悪いことばっかりを言われる人が、日本から友好都市北京に来られるであろうか。来年東京に投票することを、私以上に国民が賛同してくれるかどうか、今から悩んでいるんです」というわけで、石原君に会ってその話をしたわけです。私と石原君と亀井静香君の三人は、馬が合うけれども、思想信条は全く違う。この三人で三カ月に一回ずつ鰻を食いながら喧嘩をする、そういう仲のいい人間ですが、石原君に「おい、北京と東京は友好都市なんだ。君が都知事になってから一度も訪問をしたことがない。オリンピックが済んだ翌年は、東京も立候補しておるオリンピックの投票がある。北京オリンピックに参加したらどうだ」と話をしたんです。

二人きりの話ですから、あんまり公にする話ではありませんが、「随分きついことを言ってきたから、オリンピックに行ったら俺は殺されるぞ」「そんなこと、わかって言っているのか。お前な、日本はどのように中国大陸から、大きな恩恵を受けてきたか。朝鮮半島、そして中国大陸等から日本は多くの文化を享受して、今日の近代国家をつくりあげることができた。そういうことを歴史家としても、作家としても、政治家としても一番知ってるのは君じゃないか。その君がどうしてそういうことをやらないんだ。東京都知事としての責任をやらないんだ」と言ったら、「いやあ、中国の長江文化なんてものすごいものである」と。確かに彼は一流の研究者です。そして評価をしています。けれども、なんかこう、触発的に尖閣列島の問題等について先鋭的なこと言って、みんなを扇動し、識者を怒らすわけです。まあ、彼がどんな意図をもってこの間の発言をしたのか、一度亀井君と一緒に少し早い目に鰻を食って彼の真意を聞いてみようと思っています。そもそも、最近に至って北京オリンピックに行ってからは、彼はそういう発言を自粛していたはずです。

彼も来年の知事選挙に出るかどうかも含めて、政治家ですから考えていると思います。細川政権ができて自民党が野党になりました。その時、自民党を再生するのにはどうしたらいいか研究する班の委員長として、彼は徹夜で一生懸命論文を書いておりました。そして、朝八時から党本部で会合をやるんですが、「俺は二五年間国会議員をやってきたけれども、こんなところで朝早くからみんなが寄って会合をやるというのを初めて経験した。これは大変な感激だ」と言って、自分で一生懸命、自民党再生の道という論文を書き上げたのです。ただ、わずか一〇カ月で、細川政権が崩壊してしまいました。自民党に反省の機会を与える間なしに政局が変わってしまって、そして精魂こめて書いた石原君の論文は完全にお蔵入りしたわけです。したがって、彼も非常に不満に思い、議員辞職した。議員になって二五年たったら、表彰されます。本会議でその表彰を受けた謝礼を申し述べます。私が用事で出かけようとしたら亀井君が、「ちょっと待て。石原はお礼を言うとともに、議員辞職をすると言うんだ」と。石原君は、「二五年お世話になったことのお礼を申し上げ、私は本日ただいまをもって衆議院議員を辞職します」と言って辞めていきました。

まあ、そういう人間でありますだけに、自民党が、自分が精魂込めたものをお蔵入りしてしまって、与党の中であぐらをかいてきたことに、非常に不満をもっているということを思いながら、彼の卓越した歴史観、あるいは作家として、行動的な政治家として、私はやはり彼のいいところを生かしてもらう、そういう支え役の一人として、先ほどご指摘のところを、私は本人には言わなくてはいけないと思っております。

みんなが暮らしやすい国にするために

司会 ――ありがとうございました。最後に、永住外国人が地方参政権をもつことが、日本の社会にどんな利益があるかということを、この会場には日本の方もたくさん見えていますが、朴先生にメッセージとして伝えていただきたいと思います。

朴 ――何度も繰り返していますが、日本はこれから少子高齢化の真っ只中に入っていくわけで、韓国もそうなんです。韓国でいち早く永住外国人の参政権の実現に至ったのは、そういう少子高齢化に向けた戦略なんですね。これから日本も多くの外国人を受け入れて、日本の高齢者のお世話をしていただかなくてはいけない。実際、現在インドネシア、フィリピンから介護福祉士、看護師の研修生が来て、この間の試験では三名しか合格しませんでしたが(注8)、ああいう中途半端な制度しかつくれないというのは、日本の危機意識の無さなんです。

しっかりとした制度をつくって、ある程度の枠の中で善良な移民を受け入れながら、参政権を永住外国人に認め、日本人とともに外国人も暮らしやすい国にすることが、この国のお年寄りを支えていくことになると私は信じています。次の選挙では永住外国人への参政権付与問題も非常に重要な論点の一つだと思います。皆さんも誰に一票を入れるか、よく考えていただきたいと思います。以上です。

司会 ――昨年(二〇〇九年)六月に、野中先生と辛淑玉さんが『差別と日本人』という本を出されました。私どもも皆読みましてね、涙を流したんです。その本の中に野中先生の言葉として

「さきの戦争で日本がやってきたことに対して、さきほどいったような認識や罪の意識が日本人にないというのは、これは非常に後世のためによくないことだと思っておるわけですね。だから自分に残された時間をそういう問題に費やして、一歩でも前進することをやっておきたいというのが、私の今の考えなんです」と記されているんですね。この言葉に非常に感銘を受けたのですが、野中先生、会場の皆さんに最後に一言、お願いいいたします。

野中　——今日は長時間にわたってありがとうございました。辛さんとの合作による本のことですが、突然辛さんが私の事務所に尋ねて来まして、そして一人で勇ましくしゃべり続けていました。テレビでよくしゃべる人だなと見ていたのですが、私の前でもしゃべってしゃべって、もうしゃべりたおして、私は返事をしていたのですが、最後に「先生これ、本にしたらどうですか」ということで本になりました。私も歳もとって自分の人生に区切りをつける時に、中学しか出ていない人間が一生懸命頑張ったら、大臣もやり、官房長官もやり、党の幹事長もやれる。「みんな真面目に頑張ってやってくれよ」という遺言のつもりで、私はあれを辛さんに任したわけです。みんな劣悪な条件の中にあると思います。私も許しがたいことを何回も言われたことがあります。けれども、そうであればあるほど頑張ろうと。頑張って真面目にやれば、私のような人間でも、一〇数万票も、私の名前を書いてくれる有権者がいるじゃないかと。だから、私はここまでくることができたと。そのことを私は感謝して自分の遺言のつもりで申し上げた次第です。

司会　——ありがとうございました。

注

(※敬称は省略した)

(1) 一九九〇年九月、永住資格を持つ在日韓国人の金正圭(キム・ジョンギュ)らは、地方選挙での選挙権・被選挙権を求める訴訟を起こしたが、一九九三年五月に大阪地裁が請求を棄却したため、最高裁に上告した。一九九五年二月、憲法は「我が国に在留する外国人に対して」地方選挙の選挙権を「保障したものということはできない」として、最高裁は上告を棄却するとの判決を下し金らは敗訴した。しかし判決理由のなかで「我が国に在留する外国人のうちでも永住者等」に、地方選挙における選挙権を付与することは「憲法上禁止されているものではない」との判断を示した。この判断について、傍論(判決文において述べられる裁判官の意見のうちで、判決理由ではない部分)なので法的拘束力がないという見方と、法的拘束力があるという見方がある。

(2) 一九三二年の衆議院選挙に東京府四区(本所・深川)から立候補し衆議院議員を二期務めた朴春琴(パク・チュングム)のこと。一八九一年、朝鮮の慶尚南道に生まれる。戦後は民団などに関わった。一九七三年、東京で死去。韓国では親日反民族行為者とされている。

(3) 日本の植民地支配下では、朝鮮人は日本国籍を有するが日本の戸籍法の適用を受けず、朝鮮戸籍令にもとづく戸籍に登録されていた。

(4) 日本創新党は二〇一〇年四月に結成された政治団体。公職選挙法等で定められた政党としての要件を満たしていないため、法的には政党ではなく政治団体。二〇一〇年五月末時点で、国会議員は一人もいない(七月の参院選でも当選者なし)。また、政党としては言及された他に新党改革があるが、外国人参政権についての賛否は不明。

(5) 九五年裁判の担当裁判官の一人である園部逸夫は、雑誌、新聞でこの裁判について自身の意見や判決の背景を述べている。二〇〇九年二月一九日付の『産経新聞』によると、この判決の背景として「最高裁としては『国民』だけでなく、永住外国人を含む『住民』に触れなければいけないとの思いがあった。韓国人でも祖国を離れて日本人と一緒に生活し、言葉も覚え税金も納めている。ある特定の地域と非常に密接な関係のある永住者には、非常に制限的に選挙権を与えても悪くはない。地方自治の本旨から見てまったく憲法違反だとは言い切れないとの判断だ」「韓国や朝鮮から強制連行してきた人たちの恨み辛みが非常にきつい時代ではあった。なだめる意味があった。日本の最高裁は韓国のことを全く考えていないのか、といわれても困る。そこは政治的配慮があった」と述べている。一方、一般永住者へ参政権を付与することについては「あり得ない。（日本に）移住して一〇年、二〇年住んだからといって即、選挙権を与えるということはまったく考えてなかった」と述べている。

（6）大阪市出身の政治家。民族名は朴景在（パク・キョンジェ）。一九四八年生。一六歳のときに朝鮮籍（「朝鮮」は地域をさす呼称、記号で、北朝鮮籍の意味ではない）より帰化。東京大学卒業後、一時民間企業に勤めるが、一九七三年にキャリア官僚として大蔵省（現・財務省）へ入省。一九八三年、自民党より衆議院選挙に立候補するも落選。このとき同じ選挙区から立候補していた石原慎太郎の秘書が、新井の選挙ポスターに「北朝鮮から帰化」というシールを貼る事件が起こる。一九八六年、自民党より衆議院選挙に立候補し初当選、以後若手の改革派国会議員として活躍した。一九九八年、証券取引法違反の嫌疑がかけられ、本人は潔白であるとしていたが、逮捕直前に都内のホテルで自殺しているのを発見された。しかし他殺説もあり、野中広務も辛淑玉との共著『差別と日本人』のなかで、「僕は新井将敬に関わったほうなんですが、いまだに彼は自殺じゃないと思ってるんだ」などと発言している。

（7）『差別と日本人』での野中の発言によると、次の通り。麻生太郎が総理大臣になる前、二〇〇一年四月頃、野中がある新聞記者からもらった手紙に「麻生太郎が、三月十二日の大勇会の会合で『野中やらAやらBは部落の人間だ。だからあんなのが総理になってどうするんだい。ワッハッハッハ』と笑っていた。これは聞き捨てならん話だと思ったので、先生に連絡しました」と書かれていた。当時、自民党の国会議員でその会合に出席していた亀井久興に確認したところ「残念ながらそのとおりでした」ということであったという。麻生自身はその発言については否定しているが、魚住昭著『野中広務　差別と権力』（講談社、二〇〇四年）によると、二〇〇三年九月の自民党総務会において野中は麻生に対して、上記の麻生発言についてふれた後、「君のような人間がわが党の政策をやり、これから大臣ポストについていく。こんなことで人権啓発なんてできようはずがないんだ。私は絶対に許さん！」と発言し、「野中の激しい言葉に総務会の空気は凍りついた。麻生は何も答えず、顔を真っ赤にしてうつむいたままだった」という。

(8)

日本は経済連携協定（EPA）に基づき、インドネシア（二〇〇八年〜）とフィリピン（二〇〇九年〜）より、看護師・介護福祉士候補者を受け入れている。候補者はいずれも母国で看護師・介護福祉士の資格を有するが、日本で働き続けるためには、日本語研修、受入施設での就労・研修を経て、日本の国家試験に合格する必要がある。看護師は一年に一度計三回、介護福祉士は四年に一度だけ受験することができるが、看護師は三年、介護福祉士は四年の在留期間内に合格しなかった場合は、帰国しなければならない。受入開始後二度目にあたる二〇一〇年二月の看護師国家試験で、インドネシア人二人、フィリピン人一人が、初めて合格。合格率は約一%であった。合格率が低調な理由としては、漢字や難しい専門用語といった日本語の壁や、日本と候補者の母国とでは医療事情が大きく異なるため、そもそも教育カリキュラムが異なっていることなどがある。

（出所：『ひょうご部落解放』一三八号、二〇一〇年九月）

それでも原発を輸出するのか

――3・11と私　東日本大震災で考えたこと

東北地方を襲った未曾有の大震災は、日本籍、外国籍問わず日本に住むすべての人々に、地震や津波などの自然災害の脅威のみならず、人間が造りだした原発という凶器の危うさを、改めて教えてくれるきっかけになった。

日本では、東京電力福島第一原発の事故が起こるまで、原発の安全性を疑う者は少なく、チェルノブイリの大惨事が起こったときも、他人事のように考えていた人が少なくない。原発推進派の人たちは、「被爆国の日本でこそ、原子力の平和利用を考え、実践する必要がある」とさえ主張し、日本各地に原発を製造してきた。

しかし、今回の原発事故で状況が一変した。原発の安全性神話が崩れるなか、さすがの政府も「原発依存からの脱却」を唱えるようになり、老朽化する原発の廃棄問題が浮上するだけでなく、日本国内で予定されていた原発の新規建設も困難になりつつある。

だが国内での原発建設にはブレーキがかかる一方、昨年（二〇一一年）、ヨルダンなど四カ国に原発を輸出できるようにする原子力協定が国会で認証されたことで、日本の原発メーカーによる原発輸出の動きは勢いづいている。もともと自民党政権下の一九七〇年代から日本企業は圧力機器などの原発関連機器を輸出してきたが、民主党政権は新成長戦略の柱に原発を位置づけ、原発全体の建設を担う丸ごと輸出を官民一体で推し進めようとしてきた。

日本政府は、これまで米国、英国、フランスなど七カ国と原子力協定を締結しており、政権交替からわずか一年半の間にヨルダン、ベトナム、韓国、ロシア四カ国との協定に次々署名。二〇一一年一〇月には、日本・ベトナム首脳会談で、ベトナムの原発建設を日本が受注することで合意した。

事故後しばらく、政権内で原発輸出について慎重論が広がりを見せた時期もあったが、脱原発の急先鋒だった菅首相が退陣するや原発肯定論が高まるようになった。福島の原発事故はいまだ収束しておらず、原発存続についても疑問視する声は少なくない。それでも政府や企業が原発輸出にこだわるのはなぜだろうか。

国内で原発を建設できなくなったメーカーにとって、海外輸出が頼みの綱ということだろうか。電力需要が急増する新興工業国では、依然原発への期待が強いという誘因もある。

国内で受注済みだった二基の建設が中断した東芝は、米国で八基の受注を取っている他、今後は東欧にも原発輸出を拡大していくという。三菱重工業も米国から三基の受注を受けており、フィンランドでも受注活動を展開している。日立製作所は社長自らリトアニアに乗り込み、原発受注の優先交渉権を獲得した（『朝日新聞』二〇一一年一一月三〇日）

確かに、日本はこうした国々と協定を結び、原発の建設を日本が行うことに合意している。ここで、合意した原発輸出をやめれば、日本は大きなビジネスチャンスを失うだけでなく、政府や企業の信頼を失うかもしれない。

しかし、原発の受注獲得には電力会社の協力が必要である。新興国は原発の建設だけでなく、運転やメインテナンス、燃料の確保までセットして日本に求めている。ところが、運転支援を行う予定だった東電は、今回の事故の影響で海外輸出への協力を断念した。事故の収束と賠償に専念するためだ。実際、東芝が目指すトルコへの原子炉の輸出は、東電が運転支援を行う予定だったが、東電の方針転換で黄色信号が点滅している。

仮に運転支援社を見つけることができたとしても、原子炉建設から運転管理、燃料供給、廃棄物処理にいたるまで、すべてを請け負えば、事故時の損害賠償を負わされるリスクはますます高くなる。日本が輸出した原発が福島のような事故に直面した場合、民間保険会社の規模を超えるような損害が発生するかもしれず、損害賠償が日本政府、結果的に国民の負担になる可能性もある。原発輸出の儲けは企業が受け取り、リスクだけ国民も負担するという危険性を指摘する識者の見解（吉岡斉「国民が賠償負う恐れ」『毎日新聞』二〇一一年一一月二五日）もあなどれない。

韓国やロシアなど原発輸出に積極的に取り組んでいる国は、いずれの国も企業が政府の強い支援を受け、国がリスクを負いながら原発輸出を主導している。もし日本が原発輸出を強行するなら、国が最終的なリスクを負う覚悟が必要だろう。福島原発事故の収束にも満足な結果を出せない今の日本政府に、こうした覚悟を求めることができるだろうか。日本人は広島、長崎、福島、三度に及ぶ被爆体験の教訓を忘れてはならない。

（出所：『環』四九号、二〇一二年春号）

在日コリアンの視点から日本国憲法について考える

有権者は「憲法改正」を望んだのか

――今年（二〇一三年）七月に行われた参議院選挙は、護憲か、改憲かを有権者に問う選挙でもあったと思います。結果として自民党は一二一議席のうち六五議席を獲得し、圧勝しました。この選挙結果をどう見られますか。

私は、自民党の勝利というよりも、野党に対する失望感が選挙に反映されたのではないかと見ています。民主党政権は、経済運営、外交などすべての面で国民の失望を誘った。それが自民党の一極集中という形ででてきたのではないでしょうか。自民党がやろうとした政策を国民が支持したか、といえば疑問が残ります。たとえば選挙のときは重要な政策論点を出すわけですが、今回自民党の安倍晋三さんは憲法改正や消費税の引き上げのようにセンシティブな問題にはほとんどふれませんでした。彼が選挙でとくに強調したのはアベノミクスの成果です。このまま円安を誘導して株価を引き上げ、国民生活を豊かにします、ということをアピールして集票した。そのアベノミクスに対して、民主党を含めて野党は具体的な対案を出せなかった。アベノミクスの一番の問題点である、そういう果実から埋もれていった低所得層への再分配政策というものがもう少し強調されていれば野党も票を集めることができたのではないかと思いますが――。

もう一つ重要な争点として、原発再稼働の問題があります。これにも具体的な言及をしませんでした。今の安倍政権は原発再稼働どころか、原発推進派が政権の中枢にいます。つまり安倍政権の実態というのは原発再稼働、憲法改正、消費税引き上げという国民が首をかしげるようなものばかり。そういう牙を隠して選挙を乗り切った。そこをどう捉えるかというのが非常に問題です。

――では、今回の選挙で有権者が憲法改正について、あまり意識をしなかったということでしょうか。

選挙というのは甘い言葉の言い合いなんですね。やっかいなことに「税金を引き上げずに、手厚い社会福祉政策をします」ということに国民はむらがるわけです。ところが税金を引き上げないと、手厚い社会福祉なんてできるわけがないし、現在の日本の社会福祉政策、とくに年金を維持するためには、消費税を引き上げざるを得ないのに、その問題を棚上げにする。しかも安倍政権は円安を誘導するために、金をばら撒いているわけですが、それで民主党がやってきた財政再建は完全に崩壊した。日本の財政問題をどうするかというビジョンがないまま、アベノミクスが煽られている。でも国民は目先の生活が大事ですから、一時的でも株価などで潤してくれるような政権に惹かれてしまう。国民の弱いところですね。

――安倍晋三首相は憲法九条の改正が必要との認識を示し、まず、発議要件を緩める九六条の改正を目指しています。

いきなり集団的自衛権や憲法九条改正といえば国民がびびるでしょ？　だから入り口を変えようと、今の九六条の「議員の三分の二以上の賛成」から「過半数」に改憲条件を緩めると問題提起をしています。でも朝日新聞の世論調査（二〇一三年五月）では、反対が五四％、賛成が三八％に留まっている。九条についても「変えない方が良い」が五二％で、「変える方が良い」の三九％より多い。このように実際は、国民世論と自民党議員の考え方に乖離があるわけです。

ただ、今回自民党は公明党との連立政権なので、公明党の理解を得られなければ当然九六条の改正には到らない。公明党は「平和」を掲げてきた政治団体ですから、九六条改正に一貫して慎重な姿勢を示しています。一時、維新の会も、橋下共同代表が「慰安婦」について問題発言をする以前は、民主党と同じくらいの勢いをもっていました。その時であれば、公明党と離れて、維新と共闘して一気に改憲ということも可能だったかもしれませんが、今のところ維新とはその他の部分で距離を置いているので難しいでしょう。

——そもそも憲法改正に九六条のように厳格な発議要件が課されるのはどういう理由からですか。

法律は国会が国民に縛りをかけるために作るものですが、憲法は国民が、国会議員や政党が国民を自由に操ることができないように縛りをかける装置なんですね。この間、ひとつの政党に人気が集中するという現象が続きました。ある時期は民主党が圧倒的に勝利し、ある選挙では維新の会が飛躍的に票を集めた。また今回のように自民党の安倍政権に人気が集中したりする——国民というものは一時的な雰囲気で本当にざーっと流れて行きます。だから、憲法というものは、そういう一時的な雰囲気の中で、絶対に変えられてはならない普遍的なものであるという信念の中から、総議員の三分の二以上、という厳しい制度ができたわけです。ところが安倍さんは、これを「国民の意思を反映していない」という。つまり、国民の半数以上が賛成しているのに、三分の一以上の人が反対していたら改憲できないのはおかしい、と言うわけですが、逆に「過半数」だと、四九人が反対しても、五一人が賛成すれば憲法が変わってしまうということですよね？　そんなことになってしまったら、政党が変わるたびに次々と憲法や憲法解釈が変わってしまうという恐ろしい事態も生じるわけです。

――先日、自民党の麻生太郎氏が「ドイツのナチス政権に学べ」という発言をして、国際世論から猛バッシングを受けました。何か勘違いでもされていたのでしょうか。

麻生さんは別に言い間違えたわけではなく、確信的に言ったのだと思います。ヒトラー政権というのはある意味で民主的なプロセスを踏んで生まれてきたのです。国民の支持を受けながら、巧妙に世論をあおり、ヒトラー政権が誕生し、憲法というものが都合の良い形で改悪されていった――つまり、そういう粛々とした民主的な手続きをとりながら、巧妙に憲法を変えていかなければならない、というのが麻生さんが言いたかったことだろうけれど、そこでヒトラーを出したことが最悪ですよね。当然、「ヒトラーを肯定した」と国際世論からバッシングを受けました。

思うに、麻生さんは非常にヒトラーに近いものをもっています。扇動政治家というか、権威主義者というか――。今の自民党はねじれ現象を解消して、過半数ですすべての法律を通すことができるわけじゃないですか。ヒトラーもそういう状況を作って自分のやりたいように世の中を変えていったわけです。つまり、手続きさえとれば、野党の反対を押し切っても、自分たちのやりたい政治ができる。だから粛々と、あくまで民主的な体裁を整えながら、自分たちのやりたいことをやっていけ、ということを言いたかったんじゃないか、と思います。

——麻生氏や安倍氏は、自分たちがずっと政権を維持できるとでも思っているのでしょうか。

政治評論家の人たちとこの間テレビなどで話していて非常に面白いと思ったのは、歴代総理大臣はみな「名総理」として名を残したいと思っている、ということです。そのためには長期安定政権をつくり、名総理をめざして二、三チャレンジをする。一つはオリンピックの開催です。オリンピックを開催することで経済を活性化すると同時に国威を発揚する。もう一つは誰もができなかったことをする。例えば、田中角栄が中国との国交を正常化したことや、小泉純一郎がピョンヤンに足を踏み入れたことも誰もやれなかったことですね。残りの誰にもできなかった最大の難題が、憲法改正や憲法解釈を変更した集団的自衛権の容認です。しかも、集団的自衛権の正当性を後押しするように、北朝鮮と中国の脅威が高まっている現状もあります。

集団的自衛権と北朝鮮・中国との関係

——北朝鮮と中国の脅威を盾にして煽っているのでは、と感じるのですが。

北朝鮮が核兵器や、核を搭載する長距離弾道ミサイルを開発していることは事実です。実際に北朝鮮がそのミサイルで韓国の延坪島《ヨンピョンド》を攻撃して死者を出したように、それが日本に打ち込まれる可能性も、完全にない、とは言えない。つまり日本は北朝鮮の核とミサイルの脅威というものの中に置かれていることは事実です。さらに深刻な問題は、日本が尖閣諸島を国有化宣言したことです。中国はそれからガラッと態度を変えました。日中国交正常化宣言のときに結ばれた密約を日本が破ったわけですから、中国は圧倒的な軍事的脅威をもって、不法侵入をしてくる可能性もあります。仮に、尖閣諸島に中国の軍事船が近づいてきたとき、アメリカ軍は、日本の島を守るために戦うわけですが、今の憲法では、日本はアメリカ軍の護衛すらできない。そういう日中衝突のシュミレーションをしてみたとき、日本はどうしても憲法九条を改正して、自衛隊を国防軍にし、アメリカとともに中国と戦える国にしなければ自分の国さえ守れないという危機意識がある、というのが普通の理解でしょう。

——改憲賛成派の人はその辺に賛同しているのでしょうか。

最近の朝日新聞の調査（二〇一三年六月二六日）で「北朝鮮に対する圧力を強めることをどう思いますか」という質問に、「大いに共感する」が三五％、「ある程度共感する」が四五％ですから、八〇％の人が北朝鮮に対して圧力を強めることに共感している。つまり日本国民は北朝鮮に対して、かなり高い割合で脅威に思っているということでしょう。ただこのアンケート調査では、中国に対してどう立ち向かうか、ということは出ていませんでした。

——中国や北朝鮮が、日本国憲法を盾にして、脅威を煽るということもあるのでしょうか。

いや、そうではありません。日本側から見る話と、中国、北朝鮮側から見る話では立場が違いますね。

アジア地域研究者の立場から言わせてもらうと、今年は朝鮮戦争六〇周年です。一九五〇年に勃発した朝鮮戦争は、一九五三年に停戦しました。当時、北朝鮮は休戦協定に調印しましたが、韓国は調印をしなかった。つまりそれから六〇年、戦争は終わっていません。戦争が終わらない中で、北朝鮮は絶えずアメリカの軍事的脅威におびえ続けてきました。朝鮮戦争以後の、東西の冷戦構造の中で、核を持っているアメリカの軍事的脅威に対抗するためには、北朝鮮も核を製造せざるを得ないし、アメリカが交渉の場に出てこない限りは、アメリカに対して軍事的挑発行為を続けざるを得ない。だからこそ北朝鮮は核を載せてアメリカまで届くような弾道弾ミサイルの開発に全力を挙げるし、より精度の高い核をつくろうとする――これは、あたりまえのことなんですね。

日本とアメリカは軍事同盟を結んでいるわけですから、北から見れば、結局日本はアメリカの同盟国です。そこに集団的自衛権などと言えば、アメリカに対する報復行為は当然日本にも向けられる。日米同盟を強化すればするほど、北からの軍事的脅威に怯えることになる。これは、安全保障のジレンマなんですよ。

中国の立場から説明すると、日中条約で鄧小平は尖閣諸島問題を棚上げにしました。中国もこの件については日本に対して強く言わなかったし、日本もこの問題を取り上げなかったのですが、石原慎太郎さんが尖閣を東京都が買い上げるという主張をしたので、当時首相だった民主党の野田さんが、あわてて国有化にしてしまったのです。

この間の大きな流れとして、中国は社会主義国から改革開放し、社会主義市場経済になりました。社会主義の基本理念からすれば、土地は国のものです。この土地を、改革開放の旗印を揚げて、国民に借地権を与え、ある一定期間自由に使いなさい、と初めて土地を自由化するということが行われた。つまり、中国の歴史的な流れの中では、国有地を私有地にすることはあっても、私有地を国有化することは歴史の逆行なんですよ。そのような逆行を、資本主義国の日本がやっている。これはあきらかに棚上げ論理を破った日本側の宣戦布告と中国が受け取っても仕方がない。日本はパンドラの箱を開けてしまったわけです。

尖閣諸島は漁業問題もありますが、中国最大の軍事的戦略拠点なので、中国としては絶対に手放せない。日本が宣戦布告をすれば、絶対逃げずに対抗してきます。中国の軍事的脅威は高まるので、ますます日本は憲法を改正するか、憲法解釈を変更して集団的自衛権でアメリカと共に中国と戦う姿勢を立てなければならなくなるわけですが、それが果たして日中の経済関係にプラスなのか、と言えば、そうではないでしょう。パナソニックをはじめとして、日本の家電メーカーの大部分が中国に進出し、中国は生産拠点だけではなく、かなり大きな販売拠点になっている。中国市場で活動が停止したら、日本は機能不全になります。今はお互い次の出方を見合って緊張状態が続いている状況です。とりわけ日中首脳会談が開けないのは、最大の外交的損失であるし、安定的な経済関係を続けることは難しいと思います。

韓国の朴槿恵《パクウネ》大統領は就任後すぐに中国を訪問しましたが、その時、ものすごくたくさんの財閥オーナーを連れて行きました。実は、中国では今でも様々な分野で新しい利権があるのです。たとえば、〝A〟という仕事については国営企業プラス外資系企業一社に競り落とす、となった場合、日本は交渉に入れてさえもらえないわけです。新しい事業に参入できない。なぜかといえば、韓国は大統領が自ら財閥オーナーと頼みに来ているわけでしょ。そんな国と比べて、首相さえ来ようとしない国がまともにビジネスチャンスを得られるわけがない。そういう不幸な状況に日本は置かれているのです。

国際社会の中で疑われる日本の歴史認識

——日本は中国に対して自らアプローチをしていないわけですね。

唯一やっているのは公明党です。公明党の山口那津男さんが、習近平さんと会談して、橋渡しをしようとしましたが、逆に安倍さんは「来る者は拒みません」と、自分から行こうという姿勢がない。ようするに安倍さんが勘違いしているのは、安倍さんは日本の方が中国より大国だと思っているところです。中国からすれば中国の方がはるかに大国で、日本なんてはっきり言って前頭四枚目くらいの感じで、アメリカよりロシアより下なんですね。そんな国に習近平さんがわざわざ行くわけがない。安倍さんは世界の中の自分の立場というものを理解していません。

グローバル社会の中で日本がどのように生き残るかを含めて戦略を考えたときに、今の日米関係の中だけで外交を考えてはいけない。ところがそのロジックから安倍政権は抜け出せていません。あくまで日米関係だけを重視している。アベノミクスの三本の矢（大胆な金融政策・機動的な財政政策・民間投資を喚起する成長戦略）を成功させようと思えば、中国との経済依存関係を、どのように折り合いをつけながら維持していくかというプログラムが必要不可欠なのに、それができていません。

一方、韓国の朴槿恵大統領は、韓米の関係を維持しながら、さらに中韓関係も両立させるという非常にアクロバット的な外交を展開しています。日本から見れば、日本を訪問せずに先に中国に行きやがって、となるけれど、こんなことはあたりまえの話なんですね。

日本と韓国は、実は似て非なる国なんです。軍事的にアメリカに依存しながら、経済的には中国に従属しなければ生きられない。そういうジレンマの中で、どちらがリアルな政治ができているのかを問うならば、絶対に朴槿恵大統領の方ができている。安倍政権は「理念」だけで動こうとしているので、今後、経済的には大きな損失が出てくるでしょう。「井の中の蛙」という言葉があるでしょ？檻に入れられたクジラのようなものです。自分はデカい存在だと思っているけれど、身動きできず、外交的には機能していない。しかも、強固な同盟関係だったアメリカからさえも、日本人の歴史認識は今、疑われているのです。安倍さんの「侵略の定義」に対する疑念発言から始まって、橋下市長の「慰安婦」に対する暴言が重なり、ますます日本人の歴史認識がおかしいと思われている。

朴槿恵さんはアメリカ議会での演説で「日本は歴史認識をただすべきだ」と発言しました。それに対して「なぜアメリカでの演説でそのようなことを言うのか」という批判がありましたが、アメリカ人は朴槿恵さんの演説に共鳴しているのです。アメリカの公園には、韓国の日本大使館の前に建てられている「慰安婦」像がどんどん建てられていっている。韓国系の議員が日系の議員も巻き込みながら「慰安婦」像を建てることは、日本に対して「歴史認識をただせ」というひとつのムーブメントになっていってるわけです。

ところがそれに対して日本はなにもできていない。ただ「韓国人はおかしい」「なぜアメリカにまでそんなものを建てるのか」と言うだけ。でも、なぜ像が建てられて、アメリカ人が建てることを許しているのかということを考えないといけない。それはまさに日本人の歴史認識が疑われているということではないでしょうか。

「慰安婦」の問題についても、竹島の問題についても、韓国は先手をとってアメリカでロビー外交を行っています。アメリカ人の中には在米韓国人の運動が浸透していっています。

竹島の問題にしても、日本は歴史から切り離しています。「竹島は日本の領土である」と強く主張しながら、その根拠を問うと「一九〇五年に島根県に編入しました」の一点張り。ということは、一九〇五年以前は韓国のものだった、と言っているようなものです。

一九〇五年というのは、日韓協約が結ばれて、韓国の外交権が奪われた年です。つまり韓国併合の第一歩が竹島だったわけです。日本は対韓植民地侵略のプロセスの中で、竹島を奪ったということを自ら言っていることになる。これが国際司法裁判所に出ると、侵略した方と侵略された方では、侵略された方に同情が集まる。つまり侵略された方の勝ちなんです。そうして侵略された後に、女性たちが「慰安婦」として連れて行かれた。「この人たちがそうです」と「慰安婦」像を見せられたアメリカ人たちは「日本はとんでもない国だ「(慰安婦問題について)謝りもしないのか」ということに今、なってしまっているのです。

外国人を排除して日本は生き残れるのか

――そういう話を聞くと、自民党の憲法改正草案は、本当に内向きのものに思えます。また、「日本国民」のための憲法であることを強調し、定住外国人を排除するような文言が散見され、気になりました。例えば、「第一章　天皇」に、(国旗及び国家)を新設したり、「第三章国民の権利及び義務」の第一五条3「公務員の選定」に「日本国籍を有する」と明文化したり。日本が外国人を受け入れるという発想がまったくないように思えるのですが。

基本的に安倍政権は「美しい日本」「誇るべき日本を取り戻す」と言っていますね。結局それは内なるナショナリズムの強化につながっている。韓国では、日本と同じように少子高齢化社会を迎えて、外国人労働者受け入れに舵を切りました。どんどん善良な外国人を受け入れて税金を落としてもらい、高齢化社会の韓国を支えるシステムを作っていこうとしています。ところが、日本はそれができていません。日本は日本人の国だから、日本人をまず優先しよう、ということを再確認したのが自民党の改憲草案です。

これは非常に大雑把な考え方ですが、少子高齢化社会に向き合うには二つしか方法がありません。一つは、少子化で先細りしていく日本を直視しながら割り切って、最終的に滅びてもいい、という考え方。もう一つは、韓国のように外国人を受け入れ、いろんな人が韓国人と結婚して、新しいハイブリット化した韓国人が生まれたとしても受け入れて生きていく――移民を一定枠受け入れて生き残るという考え方です。移民を受け入れるか、単一民族主義を貫くかという選択肢があったとき、どちらかといえば安倍政権は単一民族主義を貫きたいという美意識をもっている。その美意識に私たちは口出しできないけれども、エコノミストの立場から言わせてもらえば、美意識だけで国家は運営できません。

これから生産労働人口はますます減っていきます。生産労働人口が減っていくと、六五歳以上の従属人口が増える。今三人で一人の高齢者を支えているのが、このまま移民を受け入れないと、将来的には一人で一人の高齢者を支えなければならなくなる。そうなると今の年金システムは破たんします。だからドイツのように大規模な移民を受け入れて、高齢者を支えて行くシステムをどこかで作らなければならないけれど、日本は単一民族主義が崩れてしまうから、大規模な移民を受け入れる勇気がないわけですよね。「日本の秩序が乱れる」「日本人の美意識が破壊される」そういう恐怖感でしょう。

だから「公務員が日本国籍をもたなければならない」なんて言っている限り話にならないわけです。一九五三年に「公の意思形成に参画するには日本国籍が必要」という内閣法制局の見解が出てから、もう六〇年です。六〇年前の話をぶり返して憲法で法制化しようとするなんて、全く歴史に逆行する話です。「公の意思形成」に参画することだけが公務員の仕事ではなくて、実際は住民向けサービスが圧倒的に多いわけです。地方公務員に限らず、国家公務員でも、外国人にもできる仕事がたくさんあります。でも、日本では治安維持に関わる問題だからと、外国人は徴税や、警察、消防には関われません。ところがフランスなどでは、戦争時、一番最前線の危険な地域に派遣するのは外国人部隊です。世界各国から優秀な格闘家を集めて鍛え上げ、最強の戦士を作り上げて戦争に派遣して、フランスのために戦わせているのです。実際、外人部隊には日本人が三人雇われています。フランス外国人部隊に入ることが、戦闘家にとって最高の栄誉なんです。その代わり高額報酬を命と引き換えにもらう——それが「公務員」なんですよ。安倍政権は国防軍を作ると言っていますが、日本の軟弱な若者を入れるよりも、お金を払って世界最強の格闘家を揃えた方が、日本を守れる可能性が高まると思います。でも、そういう発想の転換ができない。日本は日本人だけで守り、日本の経済を日本人だけで強くするということは、今のグローバル社会では、もはや通用しない話です。

ただ、日本人の美意識という感情の問題は別にして、現実としては、一九九七年から一五年くらいの間に移民労働者が一五〇万人から二〇〇万人に膨れ上がっています。でもこれは、日本国籍を取得していない外国人の数です。この間に韓国人、中国人のものすごい数の人が日本国籍を取得していま す。「日本人」と言いながらもその実態として、外国にルーツをもつ「新日本人」がいっぱい誕生し ているのです。その「新日本人」がキーパーソンとして日本社会を動かしているということに気がつ いていないだけです。その代表的な人が孫正義でしょう。孫正義が出現したことによって、日本の経 済は根本的に変わったのです。

改正草案「信教の自由」と靖国参拝を考える

――自民党の憲法改正草案を読んでみると、日本社会をどのように変えていこうとしているのか がよくわかりますね。例えば、第二十条　信教の自由―3では、現行憲法では「国及びその 機関は、宗教教育その他いかなる宗教的活動もしてはならない」とされているところに「た だし、社会的儀礼又は習俗的行為の範囲を超えないものについては、この限りではない」と いう文言を足しました。これは明らかに、靖国参拝を正当化するものに見えるのですが。

靖国参拝は、私から見れば東条英機らA級戦犯に対する侮辱行為です。

日本が戦争に負けた時、極東軍事裁判では、戦争を引き起こした責任は誰にあるのかが大きな争点 になりました。客観的に判断すると、三つの責任がありました。一つは天皇の戦争責任、もう一つは 戦争をリードしたA級戦犯の戦争責任、もう一つはそれらを支持した国民の戦争責任。本来この三つ の戦争責任が問われなければならないのですが、極東軍事裁判と、サンフランシスコ平和条約は、天 皇に一切の戦争責任は問わず、日本国民に対しては、A級戦犯によって間違った戦争へと導かれた被害者である、というロジックを作って決着をつけました。ただこれはアメリカが一方的に描いたシナリオではなく、私はA級戦犯との間に取引があったのではないか、と考えています。東条ら最高責任者は、アメリカと最終交渉をするときに、無条件降伏ではなく、自分たちが一切の責任を負うので、天皇に罪を問わないで欲しいという条件降伏をしたのです。

極東軍で裁判に参加したいろんな国の人が、天皇を裁こうとしたけれど裁けなかった理由は、アメリカが介入してきたからです。天皇が処罰されれば、国民の間に多くの後追い自殺がでるかもしれない。これを避けるためには、むしろ天皇の罪を問わず、象徴天皇に移行し、天皇制社会でうまく偽装的民主主義の国に作り上げていく方が国民を統治しやすい、ということで、太平洋戦争に決着が着けられた。

ところが、東条たちがそうして罪をかぶったのにも関わらず、靖国神社にはA級戦犯と太平洋戦争に送り込まれた人が一緒に葬られている。さらにA級戦犯であったとしても「死んでしまったら罪が消える」という人たちがいる。「罪がなくなる」とは、つまり靖国神社が戦後処理の忘却装置になっているわけです。外国から見れば、戦後処理を放棄するのか、ということになってしまう。東条の「自分が罪を引き受ける」という意志を忘却装置にしてしまったら、彼の死はどうなるのか――ある意味で無駄死にですよね。

日本の天皇のために死んでいった人たちに献花して、行為を称えたいという気持ちはわかるけれど、それによってアジアの人が反発するということが、果たして良いことなのでしょうか。それならば、A級戦犯とその他の人を別々に祀って、A級戦犯を参りたい人は自分が閣僚を辞してから、私的な行為として参拝すればいい。それだけの事なんです。

靖国に一般の人とA級戦犯が一緒に祀られてしまっていたら、サンフランシスコ平和条約で、A級戦犯がすべての罪をかぶり、天皇と一般市民に罪を問わないというロジックをぐちゃぐちゃにしてしまうことになりませんか？　そういうシナリオをわかっている人が極めて少ない。だから歴史修正主義の人たちから「東京裁判をやり直すべきだ。勝者が敗者を一方的に裁いているだけで、あんなものは裁判じゃない」という論理もでてくるのです。でもそんなことを言えば、政治決着はできないわけです。

――現行憲法は「アメリカに勝手につくられたもので、それを強制されているから、自分たちの憲法を作り直す」という説を唱える人もいますが。

それは当時の政治家を侮蔑した発言だと思います。吉田茂と当時のスタッフは、かなりの信念をもってアメリカと闘いながら憲法を作ったと思います。日本はそんな弱い国じゃありません。アメリカも相当譲歩しながら、ぎりぎりの妥協案の中で、憲法は作られたと思います。そんなこと憲法が作られたプロセスをきちんと研究していない、歴史の不勉強な人の発言ですね。

――憲法の解釈も難しいと思います。たとえば、ヘイト・スピーチの問題も「表現の自由」があるから取り締まれないという解釈もありますが。

これは難しい問題ですね。私も『僕たちのヒーローはみんな在日だった』（講談社、二〇一一年）に書きましたが、たとえば、在日韓国人が日本国籍をとって、日本の名前で殺人事件に関与しました。その日本国籍をとった在日の人が殺人事件を起こしたあとに、元の本名を漫画家が描いて出自を暴露した。それは表現の自由があるから問題にならない、と言ったことと似ている部分があります。相手が隠している出自を暴く行為が「表現の自由」と言えるのか。つまり、人を傷つける表現の自由がありうるのか、ということなんです。人を傷つけるような表現の自由なんてありえない。それがあるなら、人を死に追い込む表現の自由もありうるわけだから、「殺人」も認められてしまうわけですよね。だから、人に対して不快感を与えない程度の表現の自由は認められるけれども、人を傷つけたり、不快感を与える表現の自由は、制限されて当然なんです。

――明確に取り締まれる方策はないのでしょうか。

外国ではドイツのように、ヘイトスピーチを取り締まる条例や法律をつくっている国があります。そのような諸外国の事例をあげて民族差別を取り締まる法律を作ることは可能でしょう。在特会が朝鮮学校の前で浴びせた言葉の中に、明らかに人種差別を容認する言葉があったでしょ？　あれは処罰の対象として取り締まることを考えるべきです。

もし、表現の自由がなんでも許されたら、校閲や検閲なんて存在しなくなりますよね。たとえば、映画でも女性の体をどこまで出すかということで、映倫が検閲します。それは表現の自由が許されていないということです。限度を超えた性表現は人々になんらかの不快感を与えるので許されていない。当然この許されない範囲を超えた人は処罰されています。映画監督の大島渚も処罰されたでしょ。それと同じ理屈なのに、なぜそれが適用されないのか、ということです。

まとめとして

安倍さんは、最終的にはやはり、憲法九条の改正と集団的自衛権の行使、国防軍の設置に向かっていこうとしていることは間違いないと思います。ただ、今の憲法九条に疑問をもつ人も、実は少なくありません。

たとえば尖閣諸島に中国の人民解放軍がやってきたら米軍は本当に助けてくれるのか。米軍が戦っている所に自衛隊が行っても、「自分たちは憲法九条があって戦えないから、警察を呼んでくれ」と言い出す、という笑い話があるのですが、実際、戦えないからこそ平和が維持されてきたわけです。つまり憲法九条というのは、そういう「偽装的な平和」を維持する装置として機能してきたわけです。

たとえばアメリカは国連決議を無視してイラクや中東の戦争に介入しました。泥沼化したベトナム戦争でも、韓国人兵士がたくさん導入されて戦わされました。ところがその時日本は「残念ながら我々は憲法九条があるので経済的貢献しかできません」とＰＫＯや経済的貢献だけをしてきた。そういう意味で日本は、ある意味で「卑怯」などと言われながらも「偽装的な平和」を享受してきた。そういう憲法九条を盾にした偽装的な平和を維持することと、「リアルな戦争」に巻き込まれることと、どちらがいいのかと言われたら、私は偽装的であれ、憲法九条に守られた平和を選択します。これは韓国人の教訓からそう思います。日本人は本当にリアルな戦争に巻き込まれる覚悟をもって九条改正や集団的自衛権の行使に向けて舵をきることができるのか。日本人の最終的な決断が問われる時だと思います。

――ありがとうございました。

（出所：『ひょうご部落解放』一五〇号、二〇一三年九月）

新しい日韓関係と在日コリアンの役割

京都大学大学院教授
小倉紀蔵 × 朴一

司会：金光敏（コリアNGOセンター事務局長）

──お二人の直接の関わりは？

朴　先日、私の近著『僕たちのヒーローはみんな在日だった』（講談社、二〇一一年）について書評を書いていただきました。

小倉　本屋に行くと、平積みになっていますね。

朴　関西でよく売れているんですよ。でも、東京ではまったく売れない。どうしてでしょうね。面白いのは水商売の近くの本屋さんでよく売れていて、ホステスさんに圧倒的な人気なんです。よくサインを求められます。たぶん本で紹介している人物すべてを私の知り合いだと勘違いしているからでしょう。

韓流ブームについて

小倉　──日本社会に対する不満や物足りなさが反映されていて、それが背景にある限りは、韓流ブームは続くんではないでしょうか。いま韓国が魅力的に見えるということです。民主化した勢いや、ダイナミズムとなって韓国を世界に打って出させる原動力につながっている。それが大衆文化とつながり、ドラマや映画に描き出すストーリーの面白さと、そこに登場する人々、そしてそれを製作する人々を魅力的に感じさせているのでしょう。これは一時的なブームとは思えない。

人間が主体的に運命を乗り越えて未来を切り開いていくという、そういうタイプの人間像が韓国ドラマなどに頻繁に描かれています。日本のドラマには見られなくなったストーリーです。もちろん、かつて日本社会がモダンな時代にはそういう人たちがいっぱいいた。未来に向け自分一人の力で立ち上がったり、のしあがったりです。

私が子どもの頃は、そうした精神が素晴らしいものとして教育や家庭、メディアで取り上げられていましたが、いつしかそういうものが目立たなくなってしまったように思います。そこに非常に物足りなさを感じる日本人が多くて、そういう主人公やドラマが朝鮮半島から来たということではないでしょうか。

ダイナミズムや面白みがないという今の日本社会の閉塞感と、韓国への関心が非常によくつながっていると思います。閉塞を打開できる人間像が日本社会に見つけられないでいるのではないでしょうか。

韓流への反応は、最初、中高年の女性たちでしたね。彼女らの若いころには、モダンな人間像がかなり注入されていて、文学作品や映画でもそうした存在が多数取り上げられていた。でも、そうした人物像が取り上げられづらくなっている。ポストモダンの時代になり、人間性や主体性が問われないものが多くなり、そこに飽きていた人々が韓流に走ったのではないかと。

また、K－POPは若い女性が大きな存在感を示しています。私の大学でもそうですが、男子学生より女子学生のほうがずっと主体的です。留学のための面接ともなると、ほとんど女性です。女性のほうが自己実現への意欲や、自分でどうやって運命を切り開くのか、非常に関心が強いように感じます。そうした女性が日本の俳優や歌手よりは韓国の女性グループに反応するのは当然のことだと思う。自分たちで世界に打って出ようということに、かっこよさを感じているのだと思います。

――韓国の市場は狭い。当然、韓国が生き残るためには、海外に向けて商品をつくらざるを得ません。

朴　一方、日本は国内市場で一定は賄える。日本向けの商品で運が良ければ海外にも展開を、というわけです。先日も中国で人気のある外国人ベスト10が発表されました。一位から八位までは韓流スターでした。九位にようやくキムタクが入りました。ある中国朝鮮族と話していたら、キムタクだから、あの人も在日じゃないかと。それはちがうと言っておきましたが。

韓国は海外で勝負できなければ生きていけない。韓国人の留学生が多いのは、そのためだと思います。日本の学生は留学しないし、できない。就職活動が早くて、大学三年生から就職探しで忙しくて、留学どころではない。がんじがらめの内型社会に追い込まれていて、活力がそぎ落とされている。ただ、そんな中でも女性のほうに、外に出て行きたいと考えている学生が多いのではないか。韓流はそうした中から生み出された海外向け商品なのです。

しかし全体的に見てみると、韓国の商品を日本で売るのにたいへん苦労しています。韓国の現代自動車は世界展開していますが、大阪では中央区のツインタワーのショールームも、泉大津の販売店も撤収してしまいました。韓流にとっても、世界でもっとも難しい市場が日本ではなかったかと思っています。

小倉　――韓流も輸出用であることは同感です。ただ、韓流は商品ではなく、人間の魅力で売っていると思います。それを作り出す土台があり、それを生み出す韓国人の持つメンタリティが生かされています。与えられた運命や環境に順応するのではなく、そこでどうやって人間の主体性や自分なりの人生を見つけていくのかという世界観に、大衆文化の形式がぴったりはまったのではないかと。キーワードは、自らの運命を自らが導き出す主体性ではないか。

日本の大衆文化はポストモダンです。逆にそれに魅力を感じている人々が韓国や中国、アジアに結構いて、競争一辺倒で翻弄されて自尊心が傷ついて、うんざりしている人たちが日本の大衆文化に惹かれているという点もある。互いに探しあっているということなのでしょう。

朴　――良かれ悪しかれ韓国のプレゼンスが日本で高まっています。やっぱり社会全体が韓国の存在を無視できなくなっている。私が最近、メディアの中で少し疲れてきたのは、私が出る番組で、例えば領土問題などを論じますと、ディレクターが言うわけです。とにかく韓国側の立場から竹島は韓国領だと叫んでください。そうすると誰々が叫び返しますので、と。

こんなことやってられんなあと。いくらもない出演料もらって、その都度学長に呼び出されてですね。ただ、韓国の立場を説明する役割はいるわけです。日本側の一方的な主張のみならず、韓国の主張も出揃うことで、バランスが保たれる。その上でどのように歩み寄るのか、未来志向的な議論につながればと、努力しています。

最近は、多様な意見に耳傾けるメディアの役割が軽視され、視聴者のナショナリズムを利用するような内容がメディアから垂れ流されることが多くなっています。ある種、右に対する左の力が相対的に低下していることによるためでしょうが、論壇ではそれがより顕著で、左派の言論空間が縮小し、多様な意見を論じ合うことで拮抗させてきた社会のバランスが急激に衰退してきました。

韓国ではそれがまだ成立していますので、その部分ではまだ韓国のほうが健全ではないかと思います。

——先日、フジテレビ前で行われた韓流ドラマの放映に反発する人々のデモがありましたが。

小倉　——韓流ドラマを大量に流しているフジテレビに、彼らは顔をさらしてデモをしました。単なる嫌韓流の電子空間での匿名の誹謗中傷ではなく、もっと独自の番組制作を行え、自分たちも努力しろというものだと受け止めました。もちろん、保守的な立場からの主張もありました。韓国のコンテンツに依存することで、韓国に物言えなくなるのではないかと。歴史問題などで、頭があがらなくなるのではないかと。

こうしたナショナリズムの問題も、あるとは思いますが、韓国にもスクリーンクォーター制(注)

があり、自分たちの独自の市場を守るという発想は特別珍しいことではありません。それは実は文化を守るという意味でもあり、スクリーンクォーター制により韓国の映画産業は守られてきたという側面からいえば、あのデモについて否定的捉え方は拙速な気がします。

朴　――一九九八年まで韓国は日本の大衆文化の輸入を禁じていましたし、日本も韓国に対して政策的に実施するということは、私はありだと思います。

ただ、テレビ局はやはり視聴率優先で、視聴率が取れればそれでOKなんですね。韓流ドラマの中にも、たいした内容でないものもあります。すべてが運命を乗り越え未来を切り開く内容ばかりではない。でも、安い料金で放映権を買い取ったドラマが夜中の二時、三時に一定の視聴率が取れるとすれば、どこの放送局でも放送するでしょう。そこを責められる筋合いはないというのが、放送局の本音ではないでしょうかね。

一方、アメリカのドラマが日本の放送枠の何割かを占めたとして、デモは起こりますかね？やはりどこか「韓国」のものであることに対するある種の反発があるのではないかと思います。

小倉　――日本には今、余裕がない。抗議デモする人たちは切羽詰まった人たちではないか。あそこでデモした人たちは、韓国の存在がとても大きく見えているのではないか。

日本と韓国の関係で考えれば、韓国側が日本について物申すというのが、言わば常態化してました。だが、あのデモは日本社会の中に韓国に反応する人々が増えていて、ネット空間で匿名で誹謗中傷をするのではなく、表に出て韓国について自分たちの主張はこうだと。韓国の市民デモにあらわれる意思表示と似てきていて、それはそれで健全ではないかと考えるのです。

朴　――ヨーロッパ、北米、南アジアにいけば、ソニー、日立、パナソニックを凌駕してサムソンが存在感を見せています。日本のエコノミストの中には、サムソンの躍進はウォン安誘導によるもので、製品開発の優位ではないと評したりする人がいます。しかし、それは正しくない。授業の一環でサムソンのショールームに学生らを連れて行くと、商品の斬新性や技術力、価格帯に大きな驚きを示します。韓国製がここまで来ているのかと。

さらに韓国はＦＴＡでヨーロッパや北米で競争力をつけていきます。その上に韓流で、日本の国内まで進出してくるとなると日本にとって脅威に映るのは仕方ないことかもしれません。そうした観点に立てば、あのようなデモが起こる背景についてもわかるような気はします。

小倉　――やはり日本社会に余裕がなくなっていることと密接につながっていると思います。

朴　――私は、ドラマがとても好きで、かつてドラマ作家になりたいと思ったほどです。一九七〇年代に山口百恵さんの赤いシリーズがありましたよね。あのシリーズなどは明らかに運命を乗り越え未来を切り開く作品です。韓国のドラマ界は、日本のあの当時の作品を研究しているのではないでしょうか。他にも3年Ｂ組金八先生なども、その部類に入るのではないでしょうか。まさに他者の心に入り込むような言葉の応酬、韓国ドラマの特徴です。特に、金八先生などはキン、パチで、在日を思わせるような（笑）。

韓流ドラマの源流に日本の作品があるのではないか。これが成熟し、技術も進むと言葉ではない描き方が生まれてくる。いまの日本のドラマのようになっていくのではないかと。日本の進みすぎたドラマについて、見る側は韓国ドラマで原点に戻っているのではないでしょうか。

小倉　――赤いシリーズなどは捨て子という境遇であったり、病を抱えていたりと、主人公がマイナスからゼロ、そしてプラスに転換するのかという内容でしたね。まさに韓流ドラマに出てくる主人公の背景設定です。

朴　――韓国は植民地、分断、独裁、民主化、こうした社会矛盾が、ドラマが描かれる精神世界の背景となっている。日本では安保闘争以降、ドラマチック性が弱くなってしまったように思います。

一方で、在日の作家の作品がなぜよく売れ、評価されるのか、被差別の経験、マイノリティとしての独特の社会体験が作品の背景に生きているためではないかと思うのです。

小倉　――人間が生き生きとしている時代性ってあると思います。日本だったら、団塊の世代の人たちがそうだったのではないだろうか。プレモダン、モダン、ポストモダンが肉体化した世代です。時代状況がごちゃまぜになっていることが表現の質や奥行きを与えているのではないかと思いますね。

これからの韓日関係

朴　――小倉先生の著書『歴史認識を乗り越える』（講談社現代新書、二〇〇五年）を読んだのですが、ここでは過去の歴史とどう向き合うかということがモティーフになっています。教科書問題についても触れておられ、日韓問題を考える上で切り口になると思います。

以前、小泉さんが首相在任中に韓国を訪問した。視察に立ち寄った旧西大門《ソデムン》刑務所で行った演説内容を小倉先生は評価しておられます。ところが、当時の報道では小泉演説の「互いに反省すべき」という部分のみ強調されて、それに韓国社会が反発、小泉演説は評価されるどころか批判にさらされた。

しかし、演説の全文を読むと、結構いいことを言っている。小泉さんはその中で、日韓の歴史共同研究を提起し、この研究によって韓日の歴史和解へのきっかけづくりができるのではないかと期待は高まりました。しかし、残念なことに日本も韓国も、委員として選ばれたのは、それぞれのバーチャルヒストリーを重視する人々であり、当然、そこで持論を展開するわけですから、意見差異が狭まるはずがない。

小倉 それはそうでありながらも、日韓歴史共同研究のもたらした功績としては、相互の歴史、あるいは歴史観を知るということに関心を集めたということです。たとえバーチャルヒストリーであっても、それが誕生した背景を知るということはとても重要です。

それから第一次教科書問題が起こったことを受け、教科書検定に関わり日本政府は「近隣諸国条項」を設けました。これは日本の教科書に近隣諸国、主には韓国や中国に配慮するというものです。

しかし、日韓歴史共同研究において、韓国の歴史教科書に日本側が要望することができるようになりました。韓国の歴史教科書に「村山談話」や「憲法第9条」を載せてほしいというものです。これはこれで双方の歴史的相克を超える大きな進歩ではなかったかと思います。

——国民国家を築いて行く上で、特定の歴史観が生まれ、バーチャルヒストリーが生み出されている過程は、一定ありうることで、避けることはできません。ただ、それがただ一つ正しい歴史だとなると接点は喪失してしまいます。お互いがどのような歴史をつくろうとしているのかを知ること、そしてそれについてある程度自由に批判ができることは非常に大切なことです。

先日、亡くなった元東亜日報社長の権《クォン》五琦《オギ》さんは朝日新聞の若宮啓文さんと対談した『韓国と日本国』（朝日新聞社、二〇〇四年）でそのようなことを言っておられ、韓国人が真摯に自分たちの歴史認識や歴史の作り方をもっと反省すべきだと語っています。

同時に、日本側もまたそれに対する理解が求められます。歴史も実証主義だけではなく、歴史をどう見るかということが重要ですから、学生たちにはそうしたことを教えていきたいと考えています。また、韓国は統一の課題がありますので、歴史観が完結するわけではありません。それぞれの歴史観について、それが双方にとってどのような意味を持つか、そうした観点からときに批判しあうことは許されるべきだと考えます。

朴　——韓国は南北間における歴史認識の乖離もあります。歴史教科書における両論併記を容認する幅の広い歴史教育を行うことをもっと積極的に受け入れていいのではないでしょうか。領土問題についても、韓日での主張を書き込み、その上で平和、双方にとっての利益に何が必要かを子どもたちが考えるのです。

小倉　——ただ、国民国家の歴史観を抱えてしまっている人々にとってはそれが難しい。日韓に朝鮮民主主義人民共和国も含めた三国のうち、もっとも国家からの自由があるのは日本だと思うので、日本の市民社会が率先して三国の歴史観を併記するような教科書を作り出していいのではないか。

正直、日韓に横たわる領土問題や、戦後処理の問題も、日本社会のどれだけの人々に関心があるでしょうか。また、日本の中にも多様な歴史観があり、日本人だから日本の、韓国人だから韓国の、それぞれの国民国家の立場からの発言しかできないということをいかに乗り越えていくのか、大切なことだと考えています。

朴　——日本には竹島が韓国のものだと主張する学者がいる一方で、韓国に独島は日本のものだと主張する学者はほとんど見当たりません。小倉先生が書籍でそのことに触れていました。たしかに考えてみると、それは多様な歴史観という点で、若干異様な感じもします。

一方、二〇〇三年から韓国において教科書検定制度が始まり、検定に合格した教科書を選択できるようになりました。高校で韓国近現代史では四社が検定に合格したのですが、そのうちのひとつに植民地近代化論について肯定的に触れたものがあります。植民地支配時期のインフラが解放後の韓国近代化にプラスになったと。そうした意味で、韓国国内も成熟を重ねることで歴史観に多様性が生まれつつあるのではないかと思います。

小倉　——本当は、歴史が重要ではなく、政治が重要なんですね。歴史とは政治に従属させられてしまうので、政治が不利になるような歴史を語ることはなかなか難しいわけです。そうした中でアカデミズムが重要だと思いますし、歴史学者の役割が大きい。ただ、日本のアカデミズムは最近そうした役割や使命を放棄してしまっているような印象です。そうした中で加害の歴史や国民国家を乗り越える歴史観を打ち立てる発信は、いっそう難しくなっていくでしょう。

小倉　――二〇一二年は韓日にとって政治的変動期を迎えます。それがどのような影響を与えるでしょう？

朴　――日本と韓国との間で完全なる対等はありえないと思いますが、かなりの分野で対等性が生まれてきたように思います。だからゆえに歴史問題でも多様な対話が広がってきた。日韓関係において、全般的な、という取り扱いはあまり意味がないように思います。新聞の見出しなどで「日韓関係が悪化した」といっても、それは首脳同士のことであり、市民レベルまで全面的に悪化したわけではない。二〇〇五年に教科書問題や領土問題で日韓関係は揺れましたが、その一方で、日韓友情年の取り組みが同時進行で行われ、さまざまな交流事業が実施されました。つまり日韓関係は多様化し、いたるところに日韓関係が存在し、個人レベルでも日韓関係があるのです。政治や外交によってすべてが左右されることはありえなくなっています。

一方、かつては韓国における様々な問題の解決策を日本の事例から学ぶということが一般的でしたが、いまでは日本における問題の解決策を欧米から求めるというだけではこと足りなくなって、韓国から参考に引き出し、ヒントを導き出す時代にもなってきている。

小倉　――基本的には国対国の関係から、地方対地方、釜山と大阪、済州島と大阪が、という関係が大切ですね。基本は国際外交ではなく、民際外交の時代になってきていると思います。若い人がその担い手となってほしいと願っています。

朴　私たち在日コリアンはそうした民際外交にとって、日韓のバーチャルヒストリーから距離を置いて論じられる最も有利な立場ではないかと考えています。日韓の間で揺れ動いてきたからこそ葛藤があり、悩みがある。
その地点から日韓の課題や展望を独自の観点を見つけ出すことができるのだと思います。国家と民族を峻別して考える存在であるというのが在日の可能性だと考えます。

小倉　――韓流ブームを考える上で、本当はもっと在日コリアンが活躍できる、してほしいという思いがありました。しかし、在日の頭を超えて日本人が韓国に暮らす人々と直接対話してしまうという格好になりました。韓流が、在日への関心につながらないもどかしさ。そうしたことを語る声も聞いていています。
在日は日韓を相対化できる可能性があると思うのと、日韓の間で置いてけぼりになっていると捉える人と。あるいは、在日の若い人々の中には、日韓の架け橋にと言われても、という人もいます。

朴　――在日が持つ韓流への捉え方も多種多様で、日韓問題への関わりも多様化しているということだと思います。

小倉　――韓流ブームを背景にして日韓関係はあまり心配していない。ただ、これから日朝関係がどうなっていくか。政治や外交に進展が見られない場合、文化の力で日朝間の対話や関係改善の糸口みたいなことが探し出せないかと考えています。文化や学術が果たす日朝関係における役割を重要視したいと思います。

朴　――二〇〇〇年の南北首脳会談は、日朝関係を大きく前進させる絶好の機会になったと思います。その後に、小泉さんの訪朝もありました。しかし、その期待は完全に崩れてしまいました。

拉致問題が日本社会に与えた嫌悪はかなり深刻で、それが払拭されるまでかなりの時間がかかるのではないかと思います。
一方、朝鮮半島に関わり、いい面、悪い面の両方を受け止めていくことが日本社会に求められている。それはどの国との関係においても必要なことです。歴史はきれいなものばかりではない。日米関係や日中関係においても被害や加害の両方がある。拉致事件の解決が日朝間のすべての入り口であるとする考え方は、逆に選択肢を狭めてしまうことになりはしないかと危惧します。

小倉　――中国は核兵器も持っているし、一党独裁の国です。しかし、それが理由となって日中間の市民交流が阻害されるということは聞いたことがない。
ただ、北朝鮮とはすぐに行き詰まってしまう。政治の課題を別個にした市民どうしの交流が常に開かれているべきです。日朝関係においては、国家と市民を分けて考える視点が弱い。そうした意識は政治だけでなく、マスコミも弱く、それは深刻です。だからゆえにアカデミズムの世界が、その部分を牽引する役割を担うべきではないかと考えます。

（注）自国内で製作された映画の上映を日数・スクリーン面数などの最低基準を設け、国内の映画館に義務づける制度。韓国では、年間七三日以上自国の映画を上映することが映画館に義務づけられている。

（出所：『コリアNGOセンターニュースレター』二七号、二〇一一年一二月）

エピローグ

日韓はどうすれば仲良くできるのか

日本で保守派の安倍政権が誕生したのに続き、韓国でも保守派の朴槿恵《パククネ》氏が大統領に就任しました。日韓の間には、これまで歴史教科書問題、首相の靖国参拝問題、竹島（韓国名、独島）の領有権問題、慰安婦問題など、多くの懸案が山積してきました。日韓に誕生した両保守政権は、こうした問題にどのように対処するのでしょうか。

日韓の識者の間では、今後の日韓関係を危惧する声も少なくありません。日本では領土問題や慰安婦問題について強硬派の安倍政権が誕生する一方、韓国の朴槿恵・新大統領も両問題では一歩も引かない構えを見せているからです。日韓の新政権もまた領土・歴史認識をめぐって対立を続けていくのでしょうか。

安倍氏は前回の首相就任時（二〇〇六－二〇〇七年）、自らの歴史認識を封印し、韓国や中国との関係を好転させた実績があります。安倍氏は今回も、暗転した日韓・日中関係に配慮し、選挙時に掲げていた「近隣諸国条項の見直し」、政府主催の「竹島の日」の制定など、韓国や中国を刺激する持論は封印する姿勢を見せています。韓国の朴槿恵・大統領も、こうした日本側の対応をみながら、竹島

（独島）訪問に慎重な姿勢を見せると思われます。

領土問題と並ぶ日韓の難題は、李明博《イミョンバク》・前大統領の竹島（独島）上陸で再燃した慰安婦問題への対応です。すでに論じたように、李明博・前大統領は、韓国の最高裁判決を受けて、日本の野田総理に慰安婦問題の解決を迫りましたが、民主党政権は同問題は日韓条約で解決済みであるとして応じませんでした。日本の安倍・新政権はどうでしょうか。

安倍総理は、これまで慰安婦問題について「狭義の強制性」を否定し、「河野談話」の検証を示唆してきました。そして、安倍政権は二〇一四年六月、河野談話の作成過程に関する検証結果を発表し、当時の日韓両政府が緊密な文言調整を行ったことを発表しました。これに対して、韓国政府は「強制性を認めた談話を無力化させようとしている」と反発しています。「河野談話」の検証をめぐって日韓関係はさらにこじれる可能性もあります。

恐ろしいのは、日韓両国に、このような日韓関係の悪化を軽視する世論が存在することです。よく言われますが、韓国の対外関係で日本の影響力は明らかに低下しています。日本も同じで、韓国は米国や中国ほど意識する国ではないかもしれません。日本や韓国にとって、最も重要な国は、軍事的に同盟関係にある米国と、経済的に大きく依存している中国です。両国にとって米国と中国とどうバランスある外交を展開していくかが重要であり、日韓関係が歴史問題や領土問題で多少悪化しようとかまわないというのは、あまりにも二国間関係に閉ざされた短絡的思考だと思います。

日韓は、共に米中関係の狭間で生きざるをえない状況にあります。領土問題を抱えながらも経済的相互依存関係を深める中国と、FTAを視野に入れた日中韓のトライアングル関係をどう構築していくか。またこれまでの北朝鮮の核・ミサイル開発の脅威に備え、安全保障面での日米韓のトライアングル関係をどのように強化していくか。アジアを舞台にした米中の陣取り合戦の中で、日韓関係の在り方について軌道修正していくことを両政権は求められています。

二〇一二年一一月、日本と韓国に中国を加えた三カ国は、プノンペンで経済貿易担当相会議を開き、三カ国間のFTA締結に向けた交渉に入ることで合意しました。日中韓がFTAを結ぶと、世界のGDP（国内総生産）と貿易で約二割、東アジアでは七割を占める巨大な自由貿易圏が生まれます。三カ国間で関税の引き下げや撤廃が進めば、製造業を中心に日中韓企業三者間の輸出入がさらに活発化し、アジア経済の成長を持続させる強力なエンジンになる可能性もあります。

しかしながら、日本が中国のみならず韓国とも歴史問題や領土問題で政治的な衝突を繰り返すと、三カ国間のFTA交渉は中断を余儀なくされます。中国政府は「この地域で経済を政治問題と切り離して成長させる」とし政経分離の原則を示していますが、日韓両政府も政治と経済を切り離して、日韓の経済的な相互依存関係を維持していく工夫が必要だと思います。

米国の学者たちと、将来の日米関係のあるべき姿について話をすると、彼らは口をそろえて、中国の台頭や北朝鮮の核・ミサイル開発の脅威に対抗するため、日米に韓国を加えた安全保障上の関係強化が重要だと言います。そして彼らは、日米韓のトライアングル関係を強化していく上で一番の障害になっているのは日韓の歴史問題であるとし、日本にもっと歴史問題に向き合ってほしいと述べます。

米国人が日本を「歴史問題に向き合わない国」としてイメージしている背景には、慰安婦問題への日本政府の対応のまずさがあると思います。韓国側も慰安婦問題に対し、どのような歩み寄りの途があるのか、安倍政権と冷静に協議すべき段階にきていると思います。両政権が慰安婦問題への対応に失敗すると、日韓関係だけでなく、安全保障面での日米韓の協力関係を不安定化させる可能性もあることを忘れてはいけません。日韓の新政権がお互いの歴史解釈に固執することなく、開かれた歴史対話を続けていくことを望みたいと思います。

冷えきった日韓関係の今だからこそ、両国の関係を成熟させる好機であると思うのです。禍い転じて福となす。私はそうなることを願ってやみません。

あとがき

本書には学術論文とは言えない、エッセイや講演録、対談やインタビューなど、さまざまなジャンルの論考が盛り込まれている。大学の教員や学者としての本業はもちろん学術論文を書くことであるが、日頃の研究成果を一般の人々に還元するためには、新聞や雑誌に載せてもらえるような、わかりやすい文体で書いたり、メディアで発言できるコミュニケーション能力を身につけなければならない。

私が、学術論文ではない文章を商業誌に初めて掲載してもらったのは、今から二五年前の一九九〇年、本書にも収録されている「帰化代議士の誕生（原題は「帰化代議士の神話」）」（『ほるもん文化』創刊号、新幹社）というノンフィクションである。政治学者の姜尚中さんや小説家の金重明さんたちと一緒に、新幹社の高二三《コイサム》社主から在日コリアンの新しい雑誌を創刊するから編集委員になってほしいといわれて、編集委員のノルマからなかば義務的に書かされたものである。だが学術論文しか書いたことがない私が、簡単にノンフィクションを書けるはずもなく、四〇〇〇字で三〇枚ほどのノンフィクションをまとめるのにずいぶん苦労し、資料集めから脱稿するまで何カ月もかかったことを覚えている。

その後も『ほるもん文化』に力道山や徐甲虎《ソガッポ》など在日コリアンの生き様を追及したノンフィクションを何本か書かせてもらったが、これが、今考えると、私にとって基礎的な文章修行になったと思っている。また、このときテーマに選んだ新井将敬・代議士の壮絶な生き様は、私の生涯の研究テーマとなり、その後何度も彼を題材にした文章を書くことになった。本書に収めた新井将敬・夫人（新井真理子さん）へのインタビューも、そうした産物の一つである。

本書に収めた論考や対談にはそれぞれに深い思い出があるが、なかでも難産だったのは、二〇〇〇年に雑誌『ユリイカ』に発表した「梁石日」論と、二〇〇七年に『朝日新聞』に連載した英文学者・堀江珠喜さんとの往復書簡である。

私は、もともと締切り期限までに枚数を決められて原稿を書くのが苦手だ。『ほるもん文化』は一年に一回発行の不定期刊行物で、一九九〇年から一九九九年まで一年に一回、自由なテーマで何枚書いてもよかったが、一九九九年から二〇〇五年まで三カ月に一回、朝日新聞社が発行する『論座』という月刊誌に「アジア観察」というコラムを長期連載することになった（連載は二〇〇五年に『朝鮮半島を見る眼』藤原書店として出版された）。連載を引き受けたものの、締切りが近づくと原稿が書けずに熱を出し、苦しすぎて何度もおう吐したことがある。

『ユリイカ』からの原稿の依頼は『論座』の連載の最中（二〇〇〇年一一月）で、しかも文芸評論など一度も書いたことがないので、正直書けるかどうかわからなかった。できないなら引き受けなければいいのだが、在日論から梁石日の小説『族譜の果て』を論じてみたいという欲望が断る勇気を上回ってしまった。『族譜の果て』を何度も何度も読み返し、執念で書き上げたものが「梁石日・文学に見る在日世界」であるが、最後まで苦しめられた原稿だった。

英文学者の堀江珠喜先生との往復書簡は、私が最も刺激を受けた仕事であった。堀江先生は当時、SM官能小説で有名な団鬼六についてのまじめな研究書（『団鬼六論』平凡社新書）を出版し話題を集めていたが、その他にも『男はなぜ悪女にひかれるのか』（平凡社新書）、『人妻の研究』（平凡社新書）や『おんなの浮気』（ちくま新書）など、次々と話題書を発表し続けていた。二〇〇七年八月のある日、突然、朝日新聞社から、堀江先生と団鬼六や日韓のSM事情について往復書簡という形で議論してみませんかと言われたときは驚いた。正直、朝日新聞という公の場で、団鬼六やSMについて堂々と書いても大丈夫かと思ったが、新しい境地が開けるのではないかという好奇心で引き受けることにした。しかし、すべては杞憂に終わった。「悪い男」から「悪女」論まで堀江先生と縦横無尽に語り合えた往復書簡はこれまでに経験したことがない、わくわくする言葉のキャッチボールだった。往復書簡から導かれた団鬼六をめぐる議論は、その後のベストセラー『僕たちのヒーローはみんな在日だった』（講談社、二〇一一年）のモチーフになった。

この他にも、芥川賞作家の玄月さん、政治家の野中広務先生、哲学者の小倉紀蔵先生などジャンルの異なる方々との対話は、動脈硬化が進んで狭くなった私の思考回路を押し広げてくれる特効薬になった。対談に応じ、本書への掲載を快く許可していただいた皆様に感謝したい。また数々の新聞や雑誌に発言の機会をつくって下さった新聞記者や編集者、さらに拙著の販売に尽力してくださる書店員の皆様にもお礼を申し上げたい。在日コリアンという日韓の狭間で生きることを余儀なくされた私の立場は、日韓両国からの国益から逸脱しているかもしれないが、そうした立場の人間がマイノリティの立場から社会に発言していくことも意味があると言ってくれたのは、明石書店の石井昭男社長である。本書の出版を快諾してくれた石井社長と、煩わしい編集作業を引き受けてくれた森本直樹さんにお礼を申し上げたい。感謝《カムサ》ハムニダ。

二〇一四年六月

朴一

【出所一覧】

＊初出時の表題を変更したものもある。

プロローグ　日本的カースト制度とどう向き合うか（出所：二〇一三年六月二一日、尼崎市人権・同和教育研究協議会主催「人権・同和教育推進大会」講演記録）

Ⅰ　在日史の断面から

記憶と忘却（出所：『月刊言語』二〇〇三年九月号、大修館書店）
朝鮮戦争と在日コリアン（出所：『毎日新聞』二〇一三年八月一五日「原題：朝鮮戦争休戦60年」）
「文世光事件」とは何だったのか（出所：『環』二三号、二〇〇五年秋号、藤原書店）
金大中事件が問いかけるもの（出所：『朝日新聞』二〇〇二年五月二一日「原題：シネマKT　日韓関係の現実突き付ける」）
二つの大震災と在日コリアン（出所：『インパクション』第九一号、一九九五年四月、インパクト出版会「原題：二つの大震災と在日朝鮮人」）
拉致事件と在日コリアン（出所：『朝日新聞』二〇〇二年一二月二六日「原題：私の視点　拉致問題　暴力排除へ「民」の共闘を」）
帰化代議士の誕生（出所：『ほるもん文化』創刊号、一九九〇年、新幹社「原題：帰化代議士の神話」）
新井将敬の遺言状（出所：二〇一一年一一月一二日、在日韓人歴史資料館主催「第52回土曜セミナー」講演記録）

Ⅱ　文化とアイデンティティ

梁石日・文学に見る在日世界（出所：『ユリイカ』二〇〇〇年一一月号、青土社「原題：梁石日文学と在日世界」）

在日文学の可能性（出所：『ワンコリア・フェスティバル二〇〇〇』二〇〇〇年「原題：在日・文学対談」）
韓国映画とエロス（出所：『朝日新聞』二〇〇七年一〇月二日～一一月二〇日「原題：たまには手紙で」）
日本のプロ野球の国際化に関する一考察（出所：『ミーツリージョナル』二〇〇一年四月、京阪神エルマガジン社）
苦悩する民族学校（出所：『解放教育』二〇一一年一〇月号、明治図書「原題：外国人学校と多文化共生」）
民族教育における自由主義と共同体主義のジレンマ（出所：『現代韓国朝鮮研究』第一三号、二〇一三年、現代韓国朝鮮学会）
在日コリアンの未来予想図（出所：『季刊東北学』第一七号、二〇〇八年、東北芸術工科大学東北文化研究センター「原題：在日コリアン新世代のエスニック・アイデンティティと未来」）

Ⅲ　多文化共生の理想と現実

日本国籍取得問題に揺れる在日コリアン（出所：『毎日新聞』二〇〇三年七月二六日）
アジア人労働者受け入れ論の陥穽（出所：『機』二〇〇六年六月号、藤原書店）
「内への開国」を期待する（出所：『部落解放』二〇一一年四月、解放出版社）
定住外国人の地方参政権問題の行方（出所：『ひょうご部落解放』一三八号、二〇一〇年九月、ひょうご部落解放・人権研究所「原題：定住外国人の人権擁護と地方参政権を考える集い」）
それでも原発を輸出するのか（出所：『環』四九号、二〇一二年春号、藤原書店）
在日コリアンの視点から日本国憲法について考える（出所：『ひょうご部落解放』一五〇号、二〇一三年九月、ひょうご部落解放・人権研究所「原題：インタビュー　日本国憲法について考える」）
新しい日韓関係と在日コリアンの役割（出所：『コリアＮＧＯセンターニュースレター』二七号、二〇一一年一二月、コリアＮＧＯセンター「原題：韓流、歴史対話そして市民の役割」）

オモニに贈る歌

本名を名乗れなかった娘時代のくやしさを、
就職のとき味わったあの屈辱を、
日本人から浴びせられたあの言葉を、
オモニたちは決して忘れない。

あんな思いを二度と子供達にさせるものかと誓った日、
勇気をだして本名名乗る。
でも本名で学校通う子供達、
いじめにあわんか、ちょっぴり不安。
まけたらあかん。まけたらあかん。民族差別くそくらえ。
思い切ってチョゴリを着た娘の卒業式、
あんなに嫌がっていた娘が一言、
「今日のオモニ、とっても綺麗」
ほおにひとすじ涙が流る。

三十路過ぎて習い始めた民族舞踏。
身体《からだ》のなかで眠っていた民族の魂が踊りだす。
右足、右足、左足、左足、
思いどおり動かぬ身体《からだ》がうらめしい。
でも私たちの舞いにそそがれる熱い視線、
もうやめられない、この快感。

オモニたちの悩みは同じ。
つらい思いは、わたしたちで、もうけっこう。
今日もチャンソリ(注)に華が咲く。
人生って、素晴らしい。
人間って、素晴らしい。
民族って、素晴らしい。
やっとめぐりあえたこの瞬間。

「オモニに贈る歌」　作曲　黄光男　作詞　朴一

(注) チャンソリは日本語で「御託」の意味。

著者紹介

朴　一（パク・イル）

1956年兵庫県生まれ。在日韓国人３世。同志社大学卒業、同大学院博士課程修了。商学博士。現在、大阪市立大学大学院経済学研究科教授。

「たかじんのそこまで言って委員会」「かんさい情報ネットten.」（以上、読売テレビ）、「新報道2001」（フジテレビ）、「正義のミカタ」（ＡＢＣ）、「報道するラジオ」（毎日放送）、「関西ラジオワイド」（ＮＨＫ）などのテレビ・ラジオ番組で辛口コメンテーターとして活躍中。

主な著書に、『在日という生き方』『在日コリアンってなんでんねん』『僕たちのヒーローはみんな在日だった』『日本人と韓国人「タテマエ」と「ホンネ」』（以上、講談社）がある。2013年、『在日コリアン辞典』（明石書店）の編集・出版により韓国国務総理表彰を受けた。

越境する在日コリアン
――日韓の狭間で生きる人々

2014年７月30日　初版第１刷発行

著　者　朴　一
発行者　石　井　昭　男
発行所　株式会社　明石書店
〒101-0021　東京都千代田区外神田6-9-5
電　話　03（5818）1171
ＦＡＸ　03（5818）1174
振　替　00100-7-24505
http://www.akashi.co.jp

装　幀　クリエイティブ・コンセプト（根本眞一）
印刷所　株式会社文化カラー印刷
製本所　協栄製本株式会社

（定価はカバーに表示してあります）　ISBN978-4-7503-4048-7